消費者のための

住宅リフォームの法律相談Q&A〔補訂版〕

● 正しい発注契約からトラブル対応まで ●

日本弁護士連合会消費者問題対策委員会〔編〕

発行 ⊖ 民事法研究会

はしがき

　日本弁護士連合会は、1995年に発生した阪神・淡路大震災において、建物倒壊等の被害とこれによる死傷者が多数生じたことを契機として、その翌年、消費者問題対策委員会内に土地住宅部会を設置し、消費者の視点から土地住宅問題に関する研究や提言を行う活動を開始しました。

　以後、同委員会は、建築行政や建築関連法案等に対し多くの提言や研究成果を発表し、2005年には、第48回日弁連人権擁護大会において「日本の住宅の安全性は確保されたか（阪神・淡路大震災10年後の検証）」と題するシンポジウムを開催しました。また、『いま、日本の住宅が危ない！』、『欠陥住宅被害救済の手引』、『消費者のための家づくりモデル約款の解説』、『家づくり安心ガイド』、『まだまだ危ない！　日本の住宅』などの多数の出版を通して、消費者に安全で良質な住宅を確保するための道筋を示し、不幸にして欠陥住宅被害に遭遇した場合の対処法を提示するなど、欠陥住宅被害の予防と救済に役立つ取組みを続けてきました。

　わが国では、少子化による人口減少からストック重視の住宅政策に変わり、政府は、長期優良住宅の対象拡大等による良質な住宅ストックの形成、「安心R住宅」制度の導入をはじめとする円滑な取引環境の整備、既存住宅に関する紛争にも対応する住宅紛争処理制度の充実等を柱とした政策を具体化しようとしています。

　加えて、度重なる災害の発生、高齢化社会によるバリアフリー等の需要や環境問題への配慮も相まって、住宅リフォームの需要がこれまでになく高まっています。しかし、リフォーム工事については、新築の場合と異なり法規制等の整備が乏しく、さまざまなリフォーム被害が発生しています。

　本書は、リフォーム被害撲滅のための道筋を示すことを目的として2015年（平成27年）に初版を出版しましたが、民法改正をはじめとするその後の法改正や、情報の刷新を反映させ、このたび、補訂版を上梓するに至りました。

　本書が、住宅リフォーム被害の予防・救済に少しでも寄与・貢献ができれば、望外の喜びであります。

　2021年3月

日本弁護士連合会

会　長　荒　　　中

序　文

　人の生活を支える要素である衣食住のうち「住」にあたる住宅は、消費者にとって最も大きな財産の１つであるとともに、その生活の基盤となる重要な要素です。わが国は世界有数の地震国であり、最近では台風や豪雨による土砂災害等の自然災害が頻発する中、住宅の安全性確保の問題は、年々その重要さを増しています。

　2019年（平成31年）４月26日に公表された「平成30年住宅・土地統計調査」（総務省統計局）によると、全国の空き家数はおよそ846万戸（前回の平成25年調査では約820万戸）、全住宅に占める空き家の割合（空き家率）は13.55％（前回の平成25年調査では約13.52％）となり、いずれも前回調査の数値を超え、過去最高を記録しました。また、大地震の襲来ごとに高まる耐震化の要請に加え、バリアフリー等の高齢者のための設備化の要請、さらには省エネ化住宅の要請が高まる一方で、景気低迷等から新築着工件数は伸び悩み、既存住宅をリフォームしようという動きが加速しています。国もストック重視に政策転換をしており、リフォーム推進の動きを加速させようとしています。

　しかし、リフォーム工事は、その工事規模はさまざまであり、既存住宅を前提にしていることから、新築住宅の確認・検査制度のような規制の網をかけることが困難です。また、リフォームに関する契約は、建築に関する専門的な内容を含んでおり、消費者保護が強く求められる契約形態であるにもかかわらず、わが国ではリフォームについての法規制は極めて乏しく、リフォーム被害は後を絶ちません。

　本書は、このようなわが国の現状、リフォーム被害の実態、リフォーム被害発生の原因を概説するとともに、リフォーム被害の予防と救済について個々の問題に関するＱ＆Ａ方式にて具体例を示しつつ、わかりやすく説明したものです。

　悪質なリフォーム被害が根絶されることにより、よりよいリフォームによる既存住宅の活用が推進され、消費者の住環境向上に、本書が少しでも寄与・貢献ができれば、幸甚です。

　2021年３月

日本弁護士連合会消費者問題対策委員会

委員長　釜　井　英　法

『消費者のための住宅リフォームの法律相談Q＆A〔補訂版〕』

目　次

第1部　総　論
──住宅リフォーム被害の予防と救済──

3

4

第2部　リフォーム相談Q＆A

　先日、突然リフォーム業者が自宅に訪ねてきて、「外壁にひび割れがあるので直したほうがよい」と言われたので、リフォーム工事を依頼するかどうかを決めるために、取りあえず見積りを頼みました。

　後日、リフォーム業者が持ってきた見積書には、工事代金500万円、「外壁工事一式」との記載だけで、どのような工事がされるのかの説明はありませんでした。

　工事代金があまりにも高額であったことから、契約を断ったところ、リフォーム業者は「見積作成費用として工事代金の10％を支払ってもらう必要がある」と言って、50万円を請求してきました。

　事前にリフォーム業者から見積作成費用がかかるという説明はなかったのに、業者の請求どおり支払わなければいけないのでしょうか。

　契約書作成の際、どのような項目に留意すればよいでしょうか。

　突然訪問してきたリフォーム業者とリフォーム工事の契約を締結したのですが、不安になったので契約を白紙に戻すことはできますか。

　クーリング・オフをするにはどうすればよいでしょうか。

　クーリング・オフは、いつまでできますか。契約日から8日以上経ってしまうと、あきらめるしかないのでしょうか。

中古住宅を購入し、入居前に耐震補強と内装工事のリフォームを
700万円で依頼しました。内装を撤去したところ、柱や土台が広範囲
に腐食していましたが、リフォーム業者はその一部にだけ耐震補強
金物を付けて終わらせようとしています。業者は全部補強すると追
加工事代金がかかると言っています。予算は700万円しかないのです
が、あきらめざるを得ないのでしょうか。

工事が始まり、部分的に解体に入ったところ、リフォーム業者から、
ここも、あそこも直したほうがよいと言われたのですが、どうすれ
ばよいでしょうか。

リフォーム工事を発注しましたが、工事途中で気に入らない箇所
が判明したのでやり直しをさせました。リフォーム業者はやり直し
に応じてくれましたが、その分の費用等を後から請求されないかが
心配です。

無償だと思っていた追加工事やアップグレードについて、後日差
額を請求されました。このような差額を支払う必要があるのでしょ
うか。

リフォーム工事が約定の工期よりも大幅に遅れています。リフォー
ム業者との契約を解除して別の業者に注文したほうがよいのでしょ
うか。その場合、どのようなことに注意して解除すればよいのでしょ
うか。

　自宅のリフォーム工事をしたのですが、工事部分で雨漏りなどの不具合が発生しました。工事から数年経っているのですが、リフォーム業者に対する請求は、いつまでできるのでしょうか。雨漏りに関する瑕疵担保期間は強制的に10年になったと聞いたことがあるのですが、リフォーム工事の場合はどうなのでしょうか。

　床フローリングを貼り替えるリフォーム工事の契約をしましたが、仕上がってみると、事前にリフォーム業者から示されたカタログやサンプルとイメージが全く違っていました。業者にやり直しなどを請求できるでしょうか。

　自宅の外壁の淡いオレンジ色のタイルが気に入っていたのですが、地震で部分的に破損してしまいました。そこで、リフォーム業者に外壁タイルの破損部分の貼替工事を頼んだところ、タイルの色目が思っていた物と違っていて、とても不自然な色調になってしまいました。業者にどのような請求ができるでしょうか。

　リフォーム工事終了後入居したら、契約書に添付された見積書の記載では食器洗い乾燥機の付いたシステムキッチンだったのに、設置されたのは食器洗い乾燥機の付いていないグレードの低いものでした。見積書記載の額の代金を支払済みなのですが、何とかならないでしょうか。

第3部　参考資料

◆凡　例◆

〔法令等〕

住宅瑕疵担保履行法　←　特定住宅瑕疵担保責任の履行の確保等に関する法律

宅建業法　←　宅地建物取引業法

特商法　←　特定商取引に関する法律

〔その他〕

日弁連　←　日本弁護士連合会

第1部

総　論

──住宅リフォーム被害の予防と救済──

I 住宅リフォームの背景事情

1 住宅リフォーム需要の増加

　住宅を新築するのではなく、古くなった自宅建物をリフォームしたり、購入した中古住宅をリフォームしたりする人が増えています。

　その背景的な要因としては、景気の低迷が続いていること、阪神・淡路大震災、東日本大震災、平成28年（2016年）熊本地震等の大地震が続き耐震化への意識が高まっていること、高齢者増加によるバリアフリー化等のニーズがあること、環境配慮の意識が向上していることなどの諸事情があると思われます。

2 国の政策の転換

　また、国の住宅政策としても、戦後の持ち家政策により住宅難が解消し、むしろ、少子化による人口減少により、住宅全体の数が飽和状態になり空き室率が増加していることから、ストック重視に転換しリフォームを奨励する傾向にあります。

3 建設業界の期待

　少子化による人口減少・景気の低迷等から、年間の新築着工件数は減少傾向にあります。すなわち、国土交通省「建築着工統計調査報告〔平成24年度計修正版〕」によれば、1990年頃には年間160万戸を超えていた新築着工件数が、リーマンショック後の2009年には77万戸にまで減少し、その後、現在まで100万戸を割り込んだ状態が続いています（同〔令和元年計〕）。

　このため、建設業界としてもリフォーム工事受注に積極的になっています。

Ⅱ　リフォーム被害の実情

1　リフォームトラブル件数の増加

　このようにリフォームは、消費者も国も事業者も積極傾向にあるといえますが、他方で、リフォーム工事は、新築住宅の場合のような規制が乏しく、リフォームにかかわるトラブルも増えています。

　〔表1〕は、公益財団法人住宅リフォーム・紛争処理支援センター（住まいるダイヤル）に寄せられたリフォーム相談の件数（同センター「住宅相談統計年報2020」11頁表1－2）ですが、増加の一途を辿っています。

2　リフォーム被害の具体例

　リフォーム被害には、以下のような類型があるといわれていますが、実際の被害は、これらが複合して発生していることも多いと思われます。

　(1)　詐欺的リフォーム（リフォーム工事の必要性の有無にかかわるトラブル）

　①雨漏りの危険性が生じているわけでもないのに「瓦が古くなって雨漏りのおそれがある」などと言って瓦の葺き替えを勧めたり、②シロアリ被害がないのに「床材がシロアリに食われて大変な状況になっている」などと言って不要なシロアリ駆除作業や無意味な補強工事・換気扇工事を行ったり、③耐震上の効果がないのに「地震がきたら倒壊する危険がある」などと言って床下や屋根裏等に無意味な補強金物を多数付けたり、といったような被害類

〔表1〕　相談件数の推移

2006年	2007年	2008年	2009年	2010年	2011年	2012年
2707	2210	2229	3253	5094	6748	7318
2013年	2014年	2015年	2016年	2017年	2018年	2019年
9013	9305	9852	10404	10138	11744	11948

型があります。

　これらは、高齢者や判断能力が十分でない人等をターゲットにした訪問勧誘（特に不招請勧誘）により、無料点検やモニター工事等を口実として言葉巧みに住宅に入り込み、老朽化・蟻害・地震被害の危険性等を指摘して家人の不安を過剰にあおって不要不急の過剰な耐震金物や床束、調湿材や換気扇等のリフォーム工事に関する契約を次々に締結させ、リフォーム工事名下に多額の金員を支払わせるという、いわば詐欺的行為です。そして、その多くが建設業法上の建設業許可を受けていない無許可業者による脱法的行為です。

　実際に、以下のような悲惨な被害実例も報告されています。

①　アルツハイマー病による認知症が進む高齢・独居の女性が短期間に代金500万円未満のリフォーム工事契約を次々に締結させられ、最終的に

床下の「耐震補強」工事例。耐震性にとってほとんど意味のない床束・金物が多数設置されているだけ。調湿材も雑然と敷かれているだけにすぎない。

契約金総額が1500万円に上った事案では、建築士に調査をしてもらった
ところ、リフォーム工事の必要性に乏しく、単価も異常に高かった。

②　床下換気工事などといった名目で比較的少額のリフォーム工事契約を
1年間に5回も締結し、合計900万円を騙し取られた被害で、訴訟の結果、
リフォーム業者がすでに廃業し、無資力を主張したため、長期分割で代
金半額の返還を受ける和解で解決せざるを得なかった。

③　床下に水をまいて「配管から水漏れがある」と言い、補修工事費用を
騙し取ったさいたま市のリフォーム業者が逮捕された（2010年5月19日
付け東京新聞）。

(2)　破壊的リフォーム

①構造耐力上重要な柱、筋かい、耐震壁等の構造材を無配慮に取り除いた
り、②下階の構造補強もせずに上部階を増築したり、③開口部サッシを網
入りガラスにすべき準防火地域なのに、断熱改修と称して、網なしのペアガ
ラスに取り換えてしまったりする等、リフォーム工事の結果、建物の安全性
がかえって損なわれたという被害類型です。

たとえば、大阪地裁平成17年10月25日判決・消費者法ニュース66号131頁
では、増改築において、構造計算もなされないまま、強度や接合部に対する
配慮も乏しく、接ぎ木を多く用い、柱・梁・外壁等のいずれも端部の処理が
不適正などといった杜撰なリフォーム工事が行われた結果、建築基準法所定
の構造強度を大きく下回る危険な建物にされてしまった事案で、工事代金額
を超える解体工事費および再築工事費用の損害賠償が認められています。

(3)　約定違反リフォーム（工事内容の契約違反が問題になるトラブル）

たとえば、約定の工事をやってくれない、約定していない工事までやって
いるといった契約違反の有無が問題になる被害類型です。

この類型のトラブルは、リフォーム業者に騙すつもりがなかったとしても
発生します。すなわち、契約時に図面等の資料が作成されていないと、注文
者とリフォーム業者との間で完成後のイメージが全く違っているということ

5

もあり、完成後にそのことが判明して紛争化することもあるからです。このようなイメージの食い違いは、図面がなく見積書だけの場合も同様です。専門家でない者が、見積書を見て工事内容を正確に想像することは無理だからです（たとえて言えば、楽譜を読めない者が、楽譜から曲をイメージすることができないことと同様です）。

　(4)　暴利的リフォーム

　工事代金が相当性を逸脱して不当な高額請求が問題になるトラブルです。同じ工事なのに、他のリフォーム業者の見積額と比べると非常に高い代金を請求されているような場合などがあります。

破壊的リフォームの例。開口扉を付けるために筋かいを切断している。

(5)　法令違反リフォーム

　後述するとおり、リフォーム工事についての規制は乏しいですが、次の場合は、建築基準法や建設業法違反となります。

　まず、建築基準法は、新築時だけでなく、既存建築物を「増築」「改築」「移転」する場合にも、原則として工事前に建築確認を受けなければならず（同法6条1項）、工事後は完了検査を受けることを義務づけています（同法7条1項）。また、すべての建築物ではありませんが、「大規模の修繕」（建築物の主要構造部の一種以上について行う過半の修繕：同法2条14号）、「大規模の模様替」（建築物の主要構造部の一種以上について行う過半の模様替え：同条15号）をする場合にも、建築確認・完了検査を義務づけています（同法6条1項、7条1項）。これらをまとめると〔表2〕のとおりとなります。

　したがって、上記にあたるリフォームであるにもかかわらず、建築確認・完了検査を受けない場合には、建築基準法に違反することになります。

　また、代金額が500万円以上のリフォーム工事を行うには、建設業法上の許可を受けている業者でなければなりませんので（建設業法3条1項、同法施行令1条の2）、この許可を受けていないのに、500万円以上のリフォーム工事を請け負うことは建設業法違反となります。

　これらの法令違反リフォームの場合、建築基準法が要求する建築確認・完了検査制度という手続的な違反や、建設業許可を受けていないリフォーム業者による工事であることから、直ちにリフォーム工事自体に不具合があるわけではありません。しかし、確認検査制度は一定規模の建物の安全性を確保するために設けられた制度ですし、建設業許可制度は一定規模以上の工事の安全性を確保するために設けられた制度ですから、これらの制度を潜脱するリフォーム業者の工事は、安全確保の観点からは大きな不安が残ります。

〔表2〕 建築確認を要する場合（建築基準法6条1項・2項）

対象建築物	建築				大規模の修繕 主要構造部の一種以上について行う過半の修繕	大規模の模様替 主要構造部の一種以上について行う過半の模様替	建築後の用途変更（87条）
	新築	増築	改築	移転			
1号 別表第一（い）欄に掲げる用途に供する特殊建築物で、その用途に供する部分の床面積の合計が200㎡を超えるもの	○	○（ただし、防火地域および準防火地域外において、その増築、改築または移転に係る部分の床面積の合計が10㎡以内であるときについては、適用しない）					○
2号 木造 3以上の階数／延べ面積が500㎡、高さが13mもしくは軒の高さが9mを超えるもの					○	○	×
3号 木造以外 2以上の階数／延べ面積が200㎡を超えるもの							
前3号以外 4号 都市計画区域・準都市計画区域・景観法74条1項の準景観地区内・都道府県知事がその区域の全部もしくは一部について指定する区域内における建築物					×		×

＊改築：建築物の全部または一部を除却し、またはこれらの部分が災害等によって滅失した後、引き続いて、これと用途、規模および構造の著しく異ならないものをつくることをいい、大規模の修繕等に該当しないものをいう。この場合、使用材料の新旧は必ずしも問わない（昭和28年11月17日付け住指発第1400号「改築の定義」）。

III　法的手続による被害救済の困難性

リフォーム被害は、次に述べるとおり、法的手続によって救済することが困難な場合が少なくありません。

1　詐欺的リフォームの場合

先ほどの「瓦が古くなって雨漏りのおそれがある」と言われた例でも、実際に瓦が古かった場合、雨漏りのおそれが本当にあったのか否かを事後的に確かめることは容易ではありません。「床材が腐っている」と言われた例でも、その床材をすでに交換されていると、本当に腐っていたのか否かもわからなくなることも多々あります。さらに、「より安全になるように補強金物を付けましょう」などという勧誘は、それまでの状態より少しでも安全になっているのであれば嘘とはいえないとも考えられます。

このように、そのリフォーム工事に必要性・相当性があったのかということを、実際の事件で証明することは、それほど簡単なことではありません。また、リフォームの必要性の有無や程度は、個々人の主観的な希望も大きく影響するため、なおさらです。

2　破壊的リフォームの場合

破壊的リフォームと考えられる工事であっても、元々の建物図面等がなく既存建物自体の構造強度が不明な場合も多く、リフォーム工事によって構造強度が不足するに至ったのか否かを確定できないこともあり得ますので、その証明は必ずしも容易ではありません。

3　約定違反リフォームの場合

約定違反の有無を確かめるのも簡単ではありません。約定違反を主張するためには、元々の「約定」の内容を特定することが不可欠ですが、リフォー

ム工事の場合、この契約内容の特定が困難な場合が多々あります。これはリフォーム工事の場合、新築住宅と異なり、工事内容を詳細に記載した契約書、設計図書、見積書等が十分揃っていないことによります（全く資料がない場合もあります）。工事完成後、発注した施工と違うと主張しても、証拠がなければ、約定違反とは認められないこともよくあります。

4　暴利的リフォームの場合

リフォーム工事代金は定価がなく、また個々の建物ごとの個別性も高く、その工事代金の高い・安いの判断は簡単ではありません。また、同じ工事でも他の工事との併用やその他工程との関係でも代金額は変わります。したがって、単に他のリフォーム業者の見積金額よりも高いというだけでは、実際に約定した代金額を否定することは難しいといわざるを得ません。

5　法令違反リフォームの場合

建築基準法上要求されている建築確認・完了検査を受けていない場合、また建設業許可を受けた建設業者しか工事できないリフォーム工事であるにもかかわらず許可を受けていない場合、工事後にこれらを合法化することはできません。もっとも、前述したとおり、これをもって直ちに建物が危険であることにはなりませんが、安全確保のための制度を潜脱するリフォーム業者による工事は大きな不安が残ります。

6　回収可能性

仮に、リフォーム工事による被害についての損害賠償請求を裁判所が認めた場合であっても、その損害賠償額をリフォーム業者から回収することが困難な場合も少なからずあります。リフォーム業者は、資力の乏しい個人や小規模事業主も多く、悪質業者の中には連絡先さえわからない業者も存在し、強制執行による回収も容易ではないからです。

　新築住宅の請負契約や売買契約については、「特定住宅瑕疵担保責任の履行の確保等に関する法律」（住宅瑕疵担保履行確保法）の施行により、2009年10月1日以降引渡しの物件であれば、請負人や売主は、瑕疵担保責任を履行できるように供託するか保険に加入することのいずれかを義務づけられましたが、リフォーム工事には、このような保険や供託を強制する制度はありません。住宅瑕疵担保責任保険法人のリフォームかし保険は、任意の制度にすぎないためです。

Ⅳ　リフォーム被害に遭わないための注意点

　以上のようにリフォーム被害の回復は容易ではないので、リフォーム工事を行う際には、リフォーム被害に遭わないように注意することが最も重要です。

1　耐震性能を確認（耐震診断）すること

　まず、古い家をリフォームする場合には、耐震性能など安全性能が不足していることもあるので、まず、耐震診断を受けて確認することが重要です。せっかくお金をかけて内装等のリフォーム工事を行っても、元々耐震性能が不足していると無駄な投資になりかねません。また、耐震性能が不足していなくても、安易に間取りを変更したり、壁を撤去するようなリフォーム工事を行うことによって耐震性能が不足することになっても大変です。きちんとした耐震診断の結果を踏まえたうえで、耐震性能を満たすようなリフォームを検討することが大切です。

2　見切り発車の安易なリフォーム工事の発注はしないこと

　次に、リフォーム全体のイメージをしっかり確定してから工事を行うべきです。

　取りあえずキッチンのリフォーム工事を始めたところ、進めているうちに風呂場もしよう、居間もしてみようとリフォーム箇所が拡大していくことはよくあることです。また、悪質なリフォーム業者は、意図的に、次々と勧める場合もあります。しかし、このような進め方は、時間的にも経済的にも不合理です。

　初めにリフォームしたい箇所等をすべて書き出して、家の老朽化・構造・耐震性能等も考慮して、予算の枠内でどのようなことが可能かを検討し、優先順位をつけて無理のないリフォームを行うことが大切です。見切り発車で安易に工事を始めることは厳に控えるべきです。また、このような検討は、建築についての専門的知識が不可欠になるので、信頼できる建築士に相談して進めることも肝要です。

3　工事内容（契約内容）を明確化すること

　そして、リフォーム内容が決まったら、リフォーム工事の契約を締結する際、「工事の内容」を、図面、仕様書、見積書、パース図等で、できるだけ詳細に特定・明示しておくことが非常に重要です。誰が見ても工事の内容が一義的に特定できるような資料を作成しておくことが無用なトラブルを防止することになります。

　また、依頼するリフォーム業者が、住宅瑕疵担保責任保険法人のリフォームかし保険に加入しているか否かも確認すべきです（保証能力に疑いがある「第三者保証」などは注意すべきでしょう）。

4　「住まいるダイヤル」のサービス等の利用

　リフォーム需要の拡大とともに被害も増加していることから、公益財団法人住宅リフォーム・紛争処理支援センター（通称「住まいるダイヤル」0570-016-100）では、リフォーム業者の見積金額が適正なのかについての住宅リフォーム見積チェックシステム、業者の提示した工事内容が適正なのかにつ

いてのリフォーム電話相談、リフォーム業者を選ぶ際の検索サイト等のサービスを行っていますので、適宜これらのサービスを利用することも考えてもよいでしょう。

V　リフォーム被害に遭ってしまったら

　不幸にしてリフォーム被害に遭ってしまった場合の救済手段としては、以下の諸点が考えられます。

1　訪問販売の場合の特商法に基づく解除（クーリング・オフ）

　リフォーム工事契約を、訪問勧誘してきたリフォーム業者と締結した場合には、法定事項を記した契約書面（法定書面）交付後 8 日間以内であれば、特定商取引に関する法律（特商法）に基づいて一方的に契約を解除（クーリング・オフ）することができます（特商法 2 条 1 項、9 条 1 項）。その結果、工事代金を支払済みの場合はその返還を、損害が生じた場合にはその賠償を、請求することができます。

　契約後 8 日以上経過していたとしても、リフォーム業者が交付すべき書面（法定書面）の記載に不備があれば、クーリング・オフ期間はそもそも進行しておらずクーリング・オフが可能なので、法定書面の内容を確認することが大切です。

　この点、法定書面の交付義務違反を理由に、工事完成引渡しから 2 年 3 カ月後のクーリング・オフを有効として、リフォーム業者に対し1000万円を超える工事代金相当額の返還を命じた裁判例もあります（大阪地裁平成21年12月15日判決・欠陥住宅被害全国連絡協議会編『消費者のための欠陥住宅判例［第6集］』460頁）。

2 消費者契約法や民法による契約の効力の否定

特商法が適用できない場合、その契約自体の効力を争うことを検討します。すなわち、工事の必要性がなかったのにあると誤信したないし騙された（床下にシロアリがいると偽られてシロアリ駆除工事を依頼した場合など）、工事内容が相当でないのに相当であると誤信したないし騙された（耐震補強工事と称して床下の部材に多数の金物を設置する工事を依頼したが、耐震補強の効果が全くなかった場合など）、代金額の相当性がない（通常の代金額に比して暴利的に高額な代金にて契約した場合）について、消費者契約法や民法に基づく契約の無効ないし取消しを主張することができる場合もあります。

なお、この場合、前提として、対象となる契約内容（被害者がどのようなリフォームを意図したのか）を特定することが必要ですが、前述のとおり、トラブル事案の場合、契約書ばかりか図面や見積書もない場合も多く、そもそもどのような内容の契約を締結したのか客観的に不明な場合も少なくありません。このような場合には、本人の認識、客観的な工事内容などから特定することを検討していくことになるでしょう。

3 契約不適合責任、不法行為責任の追及

契約自体の効力を否定できなくても、個々の工事内容に欠陥・不具合がある場合には、請負契約に基づく契約不適合責任、不法行為に基づく損害賠償請求を検討しましょう。

ただ、欠陥・不具合の有無の判断、補修方法の決定、および補修金額の積算などは、建築の専門的知識を要するため、建築士などの協力が必要な場合も多く、そのための調査・協力費用等も念頭におく必要があります。

Ⅵ　リフォーム被害の予防・救済のための法的対策の必要性

1　現行の法規制

　以上述べてきたとおり、遭ってしまったリフォーム被害の法的救済策は十分ではありません。これは、建物を新築する場合と異なり、リフォーム工事についての規制があまりにも乏しいことによります。

(1)　リフォーム工事に関する規制

　たとえば、新築工事の場合、建物は個人の所有物ではありますが、社会に存在する以上、その建物自体の安全面や周囲の安全や環境面、あるいは都市計画の観点等から規制を受けています（建築基準法、宅地造成等規制法、都市計画法等）。

①　まず、建築基準法が、「建築物の敷地、構造、設備及び用途に関する最低の基準」を定めています（同法1条）。

②　そして、法令を遵守した建物が建てられるよう、建物の「設計」「工事監理」（工事をチェックすること）という業務を、国家資格を有する「建築士」のみに独占して行わせています（建築士法3条～3条の3、建築基準法5条の6）。

③　さらに、行政（ないし民間の指定確認検査機関）が、下記のとおり確認・検査を行います。

　ⓐ　工事開始前における確認（建築確認：建築基準法6条）

　ⓑ　工事開始後、特定工程段階における検査（中間検査：建築基準法7条の3。ただし、すべての建物ではありません）

　ⓒ　工事完了時における検査（完了検査：建築基準法7条、7条の2）

　ところが、リフォーム工事の場合、前述した一部の場合（建築基準法6条1項）を除いて確認・検査制度はなく、通常の住宅のリフォーム工事につい

ては、専門家である建築士の関与も法令で必ずしも要求されていません。こ
れは、リフォームがすでに上記システムに従って築造された建物を工事する
ものであること、リフォームは、棚の取付け、壁紙の貼替えなどの些細な工
事から建替えに匹敵するような大工事までさまざまな規模の工事があり、一
定規模以下の建物についてのリフォーム工事の規制が困難であること等によ
ると思われます。

(2) リフォーム業者の登録制度

近時、「住宅リフォーム事業の健全な発達及び消費者が安心してリフォー
ムを行うことができる環境の整備を図る」という目的のもと、国土交通省の
告示により、住宅リフォーム事業者団体登録制度が創設されました（2014年
9月1日施行）。2020年12月11日現在、16の団体が登録されています。

ただ、本制度は、あくまでも任意の制度であり、個々の事業者に対する規
制や、個別のリフォーム行為に対する規制を行うものではないため、実効性
は不十分といわざるを得ません。

2 あるべき法規制

このように、リフォームに関する現在の法規制は不十分といわざるを得ま
せん。したがって、次のような法的対策が不可欠だと考えられます。

(1) リフォーム業者全般に対する営業許可制度の導入

建設業法による建設業許可制度を改正し、500万円未満の工事のみを行う
リフォーム業者にも許可制の適用を及ぼすべきです。

小規模リフォーム専門の業者にも建設業者と同等の営業許可要件（たとえ
ば、経営管理責任者や専任技術者の設置、財産的基礎）が要求されることにな
れば、詐欺的リフォームを行う悪質業者や、専門技術・知識といった資質の
ない業者等を排除することができますし、消費者にとっても、業者選定にお
いて営業許可を得ている業者であるか否かという最低限の指標が得られるか
らです。

　従前、軽微なリフォーム工事のみを行う業者あるいはそのような業者が行うリフォーム工事を規制の対象外としてきたことが、甚大なリフォーム被害を招いてきたことからしますと、およそリフォーム工事を広く規制対象とし、リフォーム工事を請け負う業者すべてに規制を徹底する抜本的な改正こそが必要ではないでしょうか。

　具体的な法改正としては、建設業の許可制を定めた建設業法3条1項につき、「ただし、政令で定める軽微な建設工事のみを請け負うことを営業とする者は、この限りではない」というただし書を削除し、およそリフォーム業者全般について規制を及ぼすべきです。

(2)　リフォーム工事における行為規制

　リフォーム工事を請け負う者に対し、上記のリフォーム被害の主要な原因となっている諸点について規制を行うべきです。

　具体的には、不招請勧誘の禁止（消費者が要請していないにもかかわらず訪問してリフォーム工事を勧誘することを禁止すること）、契約締結前の見積書の作成・交付、契約締結時の契約書の作成・交付、契約内容変更時の変更内容記載書面の作成・交付を義務づけるべきです。特に、契約書記載内容として工事内容、代金の価額と支払方法等の事項を法令で定めるべきです。

　なお、リフォーム業者に対して前記のとおり建設業法が適用されれば、契約締結前の見積書の作成・交付、契約締結時や変更契約時における契約書面の作成・交付義務（建設業法19条、20条）等といった建設業者に対する行為規制の適用が当然に及ぶことになります。

　そして、この契約書等の作成・交付義務を実効的にするためには、単なる行政による取締規制としての効力のみならず、義務違反に対して無条件解除制度（クーリング・オフ）を新たに設ける等、消費者保護のための民事効規定を設けるべきです。

　この点、国民生活センターの「消費生活年報2006」の100頁以下においても、「訪販リフォームに係る消費者トラブルについて－悪質業者による深刻

なトラブルが続発－」と題して、訪問販売リフォームについて、「いわゆる不招請勧誘の禁止（勧誘の要請をしていない顧客に対しての訪問または電話による勧誘を禁止すること）等を検討していくことが必要と考えられる」との指摘があります。また、イギリスでは訪問販売リフォームに関する被害実態に照らして、招請勧誘の場面であってもクーリング・オフが認められるべきだとの提言がなされていることが参考になります。事実、この点に関しては、訪問販売苦情トラブルの大半は高額商品であり、その半数以上が消費者からの招請訪問によるもので、被害の45％がリフォーム関連であり、市販価格比で平均44％割高で販売されていたとの指摘もされているところです（村本武志「2008年英国家庭訪販規則」消費者法ニュース79号168頁以下参照）。

(3) 行政および建築士による監視体制の強化

前述したとおり、リフォーム工事には、新築工事の場合と異なり、専門家である建築士や行政（民間の指定確認検査機関を含む）による監視体制がありません。

そこで、リフォーム工事においても、建築士による設計・工事監理を厳格に要求し、リフォーム業者の手抜き工事や破壊的リフォームを防止する体制を整えるべきです。

さらに、行政等による建築確認・検査手続も要求し、これを厳格に適用することで、詐欺的リフォームや破壊的リフォームの監視を徹底すべきです。

(4) 被害救済の制度

前述したとおり、新築住宅の請負契約・売買契約の場合、住宅瑕疵担保履行確保法の施行により、2009年10月1日以降引渡しの物件について、請負人・売主は、瑕疵担保責任を履行できるように供託か保険加入が義務づけられ、工事に瑕疵があった場合の瑕疵担保責任の履行を確保する措置がとられていますが、リフォーム工事には、リフォーム業者の担保責任の履行を強制的に確保する法制度はありません。

そこで、リフォーム被害の事後救済の十全化を図るため、次のような制度

を導入すべきです。

① 住宅瑕疵担保履行確保法の適用範囲をリフォーム工事にまで拡充し、被害発生時に備えた強制加入の賠償責任保険制度の導入

② リフォーム業者に、宅地建物取引業者に対する営業保証金制度（宅建業法25条以下）と同様の営業実態に応じた営業保証金を供託させる制度の導入

③ リフォーム工事においては、契約締結から着工、完成、引渡しまでの期間的な間隔が比較的長いことに鑑みて、特商法上のクーリング・オフの期間を長期化する等、より消費者保護に資するような法制度の整備

3　日本弁護士連合会の意見書

日本弁護士連合会では、リフォーム被害の予防と救済を図るために、前記2で指摘した内容と同趣旨の意見を提言しています（【参考資料①】（184頁））。

今後ますます需要が高まるリフォームが、よりよい社会的制度として機能し、今後のわが国の住環境の整備充実に資する一助となれば何よりです。

VII　改正民法の概要と改正後のリフォーム被害の対応

1　改正民法の適用の時期

2017年5月26日に民法の一部を改正する法律（以下、「改正民法」といいます）が可決・成立し、2020年4月1日から施行されることになりました。リフォーム工事契約は、民法上は請負契約に該当します。したがって、リフォーム被害救済に大きく関係する改正部分は、請負契約の規定です。またこれに関連して、責任追及の期間に関する規定（除斥期間、時効）の改正も重要です。

この改正民法がいつから適用されるかは、附則に規定されています。請負契約の規定も責任追及の期間に関する規定も、施行日（2020年4月1日）よ

り前にリフォーム契約を締結した場合は旧民法、施行日後にリフォーム契約を締結した場合は改正民法が適用されます。工事の完了引渡日が施行日後であっても契約日が施行日前であれば旧民法が適用されますので注意が必要です。ただし、不法行為については、旧民法724条の時効期間が満了しないまま施行日を迎えた債権については、新民法が適用されることになっています。

2 瑕疵担保責任から契約不適合責任へ

リフォーム工事に欠陥があった場合に施工者が負う責任は、これまで瑕疵担保責任と呼ばれてきました。しかし改正民法では「瑕疵」という言葉が消えて、その代わりに「契約不適合」と呼ばれることになりました。用語は変わりましたが、どのような状態が瑕疵（契約不適合）に該当するかの判断基準について実質的な変更はないとされています。改正民法の請負契約の「契約不適合」については、条文上「仕事の目的物が種類又は品質に関して契約の内容に適合しないとき」と規定しています（改正民法636条）。契約で約束したとおりに施工しない場合や通常有すべき品質・性能を有しない場合がこれにあたります。

3 契約不適合責任の種類

改正民法では、請負契約の契約不適合責任として、①不適合の修補を求める修補請求権（改正民法562条）、②不適合の程度に応じて代金の減額を請求する代金減額請求権（563条）、③損害賠償請求権（415条）、④契約解除権（541条、542条）の４つを認めています。このうち②は改正民法によって初めて認められた請求権です。しかし、不適合の程度に応じた代金減額の具体的金額を算定することはなかなか困難なので、従来どおり①③④の行使が中心になると思われます。

これらの契約不適合責任は、債務不履行責任（契約で合意されたとおりに履行しない責任）の類型とされていますが、修補請求権、代金減額請求権、解

除権は、「債務者（請負人）の責に帰すべき事由」がなくても負う責任とされています。

　この改正民法で特に注意が必要なのは、注文者は不適合を知った時から1年以内にその旨を請負人に通知しなければならず、これを怠ると上記の契約不適合責任の請求権を失うとされた点です。この通知を忘れないよう注意してください。

4　工事未完成の場合の工事代金

　リフォーム工事が完成前に解除された場合や施工者が途中で工事ができなくなったり放棄してしまったような場合、つまり未完成の状態で受け取ることになった場合に、工事代金はどのような基準で支払うべきかについて、改正民法は規定を設けました。改正民法634条によれば、①請負人のすでにした仕事の結果が可分であること、②その可分の給付によって注文者が利益を受けることの2条件を満たせば、請負人は注文者の受ける利益の割合に応じて報酬を請求することができるとしています。

第2部

リフォーム相談
Q&A

Q1 リフォーム被害の概要

 リフォーム被害とは、どのような被害なのでしょうか。

 リフォーム被害には、詐欺的リフォーム、破壊的リフォーム、約定違反リフォーム、暴利的リフォーム、法令違反リフォームがありますが、実際の被害は、これらが複合して発生していることも多いようです。

解 説

1 リフォームトラブル発生の背景事情

わが国では、少子化による人口の減少、景気の低迷、持ち家政策からストック重視への住宅政策の転換などから新築着工件数が減少していますが、他方で、大地震に備えての耐震化への意識の高まり、高齢者増加によるバリアフリー化の必要性の増加などから、住宅リフォームの需要が高まっています。ただ、リフォーム工事は、新築住宅と比較して規制が乏しく、リフォームにかかわるトラブルも増えています。

2 リフォーム被害の具体例

リフォーム被害には、以下のような類型があるといわれていますが、実際の被害は、これらが複合して発生していることも多いようです。

(1) 詐欺的リフォーム

詐欺的リフォームとは、自宅に突如訪れたリフォーム業者が、無料点検やモニター契約を口実に家に入り込み、「点検の結果、悪い状況だったので、

リフォームすべきです」などと言葉巧みに、屋根・外壁補修、耐震補強などといった名目のリフォーム契約をさせられてしまうというような類型です。実際には不要な工事であったり、耐震補強をするといいながら意味のない金物を付けられただけであったり、意味がないとまではいえない工事であっても不当に高額であったりと、詐欺的な要素の大きいのが特徴です。

　訪問勧誘で行われることが多く、建物の安全性等につき不安を煽るなどして、その場で契約を迫られます。高齢者や判断能力の不十分な人をターゲットにした被害が多く発生しています。

　これら訪問勧誘トラブルのすべてが詐欺的リフォームというわけではありませんが、依然として多発している類型です。

(2) 破壊的リフォーム

　破壊的リフォームとは、リフォーム工事によって、構造上重要な柱や壁が取り除かれ、かえって建物の耐震性などの安全性が損なわれるような類型です。

　デザインや快適性等ばかりを優先して、耐震性の観点での検討が全くなされていなかったり、リフォーム業者の知識が不足しているといった原因で起こる類型です。たとえば、部屋を明るくするために窓等の開口部を大きくしたり、部屋を広くするために壁や柱・梁等を撤去したりするなどといった場合、耐震安全性の観点からすると、本来、構造計算等による慎重な検討が要求されますが、不用意に工事を行った結果、危険な状態になるなどといった被害が生じています。

　訪問勧誘に限らず、リフォーム業者の店舗等で契約しても起こりうる類型です。

(3) 約定違反リフォーム

　約定違反リフォームとは、工事内容が説明と異なるといったトラブルや、契約後に追加工事が必要であったなどと言われて追加工事代金をリフォーム業者から請求されるというようなトラブルの類型です。

　リフォーム工事では、「○○一式」という見積書があるだけで、契約書も図面も作成されないまま工事が行われることがあります。特にこのような場合は、契約内容を明らかにする証拠がないため、リフォーム業者の当初の説明とは異なる工事がなされていることに苦情を申し入れても、リフォーム業者は全く対応しないことがあります。

　また、リフォーム業者からの高額な追加工事代金請求も多く発生しています。工事内容が不明確であるため、どこからが追加工事になるのかも不明確となってしまい、多発している類型です。

(4) 暴利的リフォーム

　暴利的リフォームとは、リフォーム業者から、一般的な工事代金の相場から大きくはずれた不当に高額な請求を受けるという類型です。

　詐欺的な訪問勧誘業者から不当に高額な金額で契約をさせられる、不当に高額な追加工事の請求を受ける等、他の被害類型と共に被害に遭うことも珍しくありません。

　リフォーム工事には定価がなく、また建物ごとの個別性も高いので、不当に高額であることに気づかず契約してしまいがちで、多発している類型です。

(5) 法令違反リフォーム

　法令違反リフォームとは、リフォーム工事を行うにあたって守るべき法令の規定に違反している類型です。

　リフォーム工事であっても、既存建物を「増築」「改築」「移転」する場合や、一定規模の「大規模の修繕」「大規模の模様替え」には、建築基準法上の建築確認・完了検査を行うことが法定されているのに、これを遵守せずにリフォーム工事を行う場合、建築基準法違反となります。

　また、代金額が500万円以上のリフォーム工事は、建設業法上の許可を受けている建設業者でなければできませんが、この許可を受けていないのに500万円以上のリフォーム工事を請け負う場合は、建設業法違反となります。

3 予防の重要性

　リフォーム被害は、事後的な救済が困難な場合が多いので、このような被害に遭わないように予防することが非常に重要です。リフォーム被害の具体例や予防・救済方法については、Q2以下をご参照ください。

Q2 建替えとリフォームのメリット、デメリット

Q 築50年の木造住宅に住んでいます。建替えか、リフォームか を検討しているのですが、それぞれのメリット、デメリット を教えてください。

 木造住宅のリフォームの場合、多くは、建築確認の必要がなく、 そのことがメリットでもあり、デメリットでもあるといえます。 また、既存不適格建築物に関する特例が適用される場合もありま す。

===== 解 説 =====

既存の建物を取り壊し、更地となった敷地に新たに建物を建て直す「建替 え」か、既存の建物を改修する「リフォーム」かによって、次のような点が 異なります。

1 建築確認申請の要否

たとえば、住宅として一般的な、2階建てや平屋の小規模な木造建物をリ フォームする場合、基本的には建築確認申請は不要です（詳しくはQ3参照）。 これに対し、建替えする場合は、常に建築確認申請が必要になります。

このように、リフォームでは、多くの場合、建築確認申請が不要となり、 その手間と費用を省略できるというメリットがあります。

反面、建築確認がなされないことは、建築基準法等の法令に適合している かどうかについて行政のチェックが及ばないということであり、建築士の関 与もなされないことが多くみられます。それが原因で、設計図書・契約書等 が作成されないまま、耐震性や防火性等の安全性を損なうような破壊的リ

フォームを防げず、杜撰な工事がなされることもありますし、契約内容が不明確であることから、後日、工事内容や代金額について争いが生じる可能性が高くなるなどの被害の原因となっている点は、デメリットであるともいえます。

　建替えか、リフォームかを選択する場合には、安全、安心、快適な住まいになるよう、上記のメリット、デメリットを考慮してください。

2　既存不適格建築物

　建築基準法は、社会的な要請や技術の進歩等により、制定以来、何度も改正されており、たとえば、1981年に施行された建物の耐震性能に関する新耐震基準や、2003年に施行された化学物質に関するシックハウス規制のように、改正により規制が強化されているものもあります。

　そのため、建築当時の建築基準法令には適合していた建物でも、その後の法改正による規制の強化によって、建替えやリフォーム時の法令には適合しない建物（いわゆる「既存不適格建築物」）となっている場合もあり、従前と同じような住宅にリフォームできるとは限りません。

　たとえば、採光、換気、シックハウス対策等の居室単位の規制については、リフォームを行う居室についてのみ現行法令の基準が適用され、それ以外の居室についてまで現行法令に適合するような改修をしなくてもよいとされていますが、対象となるのは、構造耐力や避難に関する規定が適用されない既存不適格の建物に限られています。

Q3 リフォーム工事の場合の「建築確認申請」手続の要否

 新築工事の場合には行政等に「建築確認申請手続」を行うことが必要だと聞きましたが、リフォーム工事を行う場合、そのような「建築確認申請手続」はいらないのでしょうか。

 リフォームの内容・規模によっては建築確認申請手続が必要になる場合があります。

━━━ 解 説 ━━━

1 建築確認

建築確認とは、建築主が建築行為を行う前に、建築主事や民間の指定確認検査機関に対して建築計画の内容を届け出て、その建築計画が建築基準関係規定に違反していないことの審査を受ける手続です。

建物を新築する場合に行う手続だと思われがちですが、実は、リフォーム工事の場合でも、一定の内容・規模の工事については建築確認申請手続が必要となりますので、注意が必要です。

2 リフォーム工事で建築確認申請手続が必要な場合とは

建築確認が必要な場合は建築基準法6条で定められていますが、その内容を簡単に整理すると、8頁の〔表2〕のようになります。

3 注意しなければならないこと

以上がリフォームにおける建築確認手続の基本的な考え方ですが、いくつか注意すべきことがあります。

　まず、リフォーム工事の過程で、当初の予定よりも工事範囲が拡大していくことがあります。たとえば、浴室等の水回りをリフォームする場合、当初は工事範囲を限定して10㎡以内に収まる工事を予定していても、いざ着工して床板等を剥がしてみると、ひどい腐食・蟻害・傷みが周辺にも及んでおり、リフォーム工事を行う床面積が10㎡を超える場合もあり得ます。

　また、自宅建物の一部で店舗を行うためにリフォームをする場合には、用途変更申請手続が必要になります。

　適正に手続を行わなければ、リフォームが違法工事ということにもなりかねません。違法なリフォーム工事は、行政から中止や是正を求められたり、また、そのまま工事が完成したとしても違法建物となって将来リフォームや売却を行う場合の支障にもなりますから、専門家（建築士）に相談することをお勧めします。

Q4 古くなった家をリフォームする際の注意点

 古くなった家をリフォームする場合には、どのような点に注意をすればよいのでしょうか。

 古い家は耐震性能など安全性能が不足していることがあるので、その点を確認し、耐震性能を満たすようなリフォームを検討することが大切です。

══════════ 解 説 ══════════

建築基準法の耐震基準は、過去幾度にもわたる大地震による被害の教訓を踏まえて改正された最低限の安全基準です。この点、築年数の経っている古い建物は、建築当時の建築基準法の基準は満たしているかもしれませんが、現在の基準を満たしていない可能性があります。

耐震基準は、1981年に大幅に強化されていますので（一般にそれ以前の基準は「旧耐震基準」、以後の基準は「新耐震基準」と呼ばれています）、ご自宅が1981年以前に建てられた建物の場合には、特に注意が必要です。

また、1981年以降に築造された建物であっても、時間の経過によって耐震性能が劣化している可能性がありますし、現在までの間に、地震等によって部分的に傷んでいる可能性もありますから、築後長期間が経過している建物をリフォームする場合には、事前に、耐震診断を受けてから工事内容の検討をするべきです。せっかくお金をかけてリフォーム工事を行っても、元々耐震性能が不足していると無駄な投資になりかねないからです。

もし、耐震診断の結果、耐震性能が不足していることが判明した場合には、耐震性能を満たすような工事を含めてリフォーム内容を検討しましょう。そのためには、耐震設計の知識が不可欠になりますので、信頼できる建築士に

依頼することが肝要です。また、その際に、建築士に建物の現状を正確に理解してもらう必要があるので、建物の設計図書等がある場合は、建築士に見せましょう。

　なお、耐震診断、耐震改修については、Q9、Q10を、リフォームに対する公的補助や支援制度についてはQ11をあわせてご参照ください。

Q5 建築士への依頼の必要性

 地震で瓦が落ちるなどの被害を受けました。すぐに工事業者に補修を依頼すべきでしょうか。

 まずは信頼できる建築士に相談して、工事内容を確定したうえで、業者を探すべきです。

解 説

1 補修内容確定の必要性

地震で瓦が落ちたといっても、どのような補修工事が必要かはさまざまです。単に瓦を葺き替えれば足りる場合もあれば、その他の建物部分にも損傷があり補修が必要な場合もあり得ます。瓦を葺くだけの場合でも、一部で足りるのか、全面的な葺替えが必要なのか、個々の事案によって必要な補修工事は異なってきます。

したがって、まず、どのような補修工事が必要なのかを検討しなければなりません。

2 業者の相見積りだけでは不十分

この点、複数の工事業者で相見積り（あいみつもり）をとるなどしても、建築の専門知識をもたない消費者としては、何が必要な工事で、何が不要な工事なのかを判断することは極めて困難です。

一般に、工事業者としては、利益を上げるため、工事範囲を広くしようとしがちです。地震後には、特に悪質業者が増えることが想定され、不要な工事ばかりの高額な見積りが出されることも珍しくありません。

一方、悪質業者でなくても、たとえば、瓦工事を専門にしている業者に見積りを依頼した場合には、瓦の葺替えの見積りが得られるだけで、他の部分の補修の要否は不明なままです。

このような見積りをいくら比較しても、何が必要な工事で、何が不要な工事なのかを判断することは、極めて困難です。

3　信頼できる建築士に依頼する

そこで、どのような補修内容とすべきかは、業者見積りをとる前に、信頼できる建築士に依頼して判断してもらうべきです。建築士であれば、建物全体の安全性を判断し、依頼者の立場に立って、どこまでの補修が必要かを判断することができます。

ただし、工事業者から紹介される建築士の場合は注意が必要です。このような建築士は、工事業者等に強く意見を言えないことがあり、依頼者の立場よりも工事業者等の意向を優先する場合があるからです。

したがって、工事業者等と利害関係のない建築士に依頼すべきです。なお、信頼できる建築士に心当たりがない場合は、欠陥住宅被害全国連絡協議会（略称「欠陥住宅全国ネット」<http://www.kekkan.net/>）などで、欠陥住宅の調査等を行っている建築士の紹介を受けることができます。

4　建築士への依頼内容

建築士に依頼する業務内容としては、おおむね以下のようなものが考えられます。

① 建物の調査を行い、必要な補修工事につき意見を述べる業務

② 必要な補修工事につき、工事業者に指示する図面等を作成する業務

③ 必要な補修工事につき、業者の見積りが適正であるか意見を述べる業務

④ 上記図面のとおり工事がなされているかをチェックする業務

　どこまでの業務を依頼するか、また、その業務に必要な費用はケース・バイ・ケースです。瓦さえ葺き直せば十分なのであれば、場合によっては①の業務のみで足りる場合もあります。一方、建物自体に損傷が見つかり、その補修が必要な場合は、②の図面作成や、④の図面どおりに補修がなされているかのチェックが必要不可欠となることもあります。特に、①の調査の結果、工事を行う範囲が拡大して建築確認を要する場合には、②～④のすべての業務が必要になりますし、建築確認や完了検査を申請する業務も必要になります。

　費用面でのトラブルを避けるため、どのような業務を行うと、どれくらいの費用が発生するのか、事前に十分に協議を行い、業務の範囲と報酬額が明確となるような契約書を作成してください。

Q6　業者選びの注意点

 　地震のときに瓦が落ちました。建築士に調査を依頼したところ、瓦の葺替えだけでよいとの意見でした。どのような工事業者に補修を依頼すればよいのでしょうか。

 　詳細な見積りや図面を求め、これらにしっかりと対応できる工事業者を選びましょう。

― 解　説 ―

1　業者選びは慎重に

　工事業者を選ぶ際は、まず信頼できる建築士に相談して工事内容を確定すべきです（Q5参照）。

　その後の業者選びにあたっては、見積りの適正さについて、建築士に意見をもらう場合もありますが、この場合でも、トラブルの際に不利益を受けるのは消費者です。業者選びは慎重に行う必要があります。

2　身元のはっきりした業者を選定すること

　地震後には、多くの補修工事の需要が見込まれるため、新規に参入してくる工事業者が多くなります。もちろん、これらがすべて悪質な工事業者というわけではありませんが、地震後の一時の需要がなくなれば、営業を休止したり、他地域に移ってしまう工事業者もありますので、後のメンテナンス等も考え、身元のはっきりとした工事業者を選定すべきです。

　また、一般的には、訪問勧誘を行っているような工事業者は避けるべきです。

3　複数業者の見積りをとること

　価格が適正であるかを判断するため、複数の工事業者から詳細な見積りをとるべきです。

　地震後には、建築部材が高騰しているなどと言って過大な補修費用の支払いを迫られることがありますが、契約締結に先立って、上記のような相見積りをとることで、このような詐欺的な勧誘にだまされてしまうことを防ぐことができます。

4　工事範囲が明確であるかをチェックすること

　補修工事のトラブルの多くは、契約内容が不明確であることに起因するものです。特に、契約締結時に詳細な見積書や図面等が作成されない場合には、どこまで、どのような工事を行う合意であったのかが不明確となります。

　そこで、業者選びの際は、まず、業者に詳細な見積書を提出してもらいましょう。これを依頼しても「屋根補修工事　一式　○○円」といった一式見積りしか提出してこないような工事業者との契約は避けるべきです。「瓦○枚　単価○円」といった、数量や単価が明示してある見積書を提出してもらいましょう。

　また、建築士に補修についての図面作成を依頼していない場合であれば、工事業者に補修計画の図面を作成し、提出してもらうべきです。

　このような見積書や図面がないと、工事の範囲やその具体的内容、それが本当に必要な補修工事かをチェックできません。

　なお、見積書の内容が不明な場合や不安な場合は、公益財団法人住宅リフォーム・紛争処理支援センターの「住まいるダイヤル」（0570-016-100）が行っている、無料の「住宅リフォーム見積チェックシステム」で、相談することができます。

5　追加工事について確認すること

　補修工事は、新築の場合と異なり、工事をある程度進めた段階でないと、必要な補修の範囲や具体的な内容が判断できない場合があります。

　工事業者には、追加工事の有無や追加工事が必要となった場合の費用につき、あらかじめ説明を求め、確認しておく必要があります。

6　しっかりとした契約書を取り交わすこと

　以上のような工事の内容等につき十分な打合せができたら、図面や見積り、工程表を添付した契約書を取り交わしてください。

7　まとめ

　以上のとおり、身元のはっきりとした工事業者の相見積りをとり、詳細な見積りや図面の提出等を求めた際に、十分な資料の提出や説明を行う工事業者を選ぶようにしましょう。

Q7 リフォーム工事と建設業の許可

Q リフォーム工事を計画していますが、工事を依頼しようと考えているリフォーム業者のウェブサイトを見たところ、建設業の許可を受けていないようです。建設業許可を受けていない業者にリフォーム工事を依頼しても大丈夫でしょうか。

 リフォーム工事の規模によっては、建設業許可を受けているリフォーム業者にしかできない場合もあります。

解 説

1 リフォーム工事と建設業許可

　リフォーム工事の場合、請負代金が500万円未満の工事であれば建設業許可を受けていないリフォーム業者であっても工事をすることができます（建設業法3条1項ただし書・同法施行令1条の2第1項）。

　しかし、建設業許可を受けるために、専門技術者（工事管理技術士などの資格を有する者、または、一定年数の実務経験を有する者）がいることが要件とされていますので、一般論として、建設業許可を受けているリフォーム業者は、建設業許可を受けていないリフォーム業者と比較すると、高い専門技術性を有しているといえそうです。

　ただ、建設業許可は許可区分（言い換えれば専門領域）が多岐に分かれており、そのリフォーム工事の内容について建設業許可を受けているかについて注意をしなければなりません。また、前述の専門技術者が現在も勤務しているかどうか、あるいは、現場に常駐してくれるのか等といった点にも注意をしなければなりません。

2　リフォームを依頼する業者と建設業許可

　以上のような注意点はありますが、法律上の規制が及ばないとしても、そのリフォーム工事について建設業の許可を受けているリフォーム業者を選ぶことが望ましいでしょう。

　というのも、建設業許可を受けているリフォーム業者の場合、建築基準法・建設業法その他の法令に違反する行為があれば、監督官庁によって指導等の処分が行われるため、違法行為の危険性が相対的に低いといえるからです。

3　建設業許可の有無を調べる方法

　建設業許可は、①1つの都道府県内のみに営業所を設けて営業しようとする場合、営業所の所在地の都道府県知事が許可をします。これに対し、②2つ以上の都道府県の区域内に営業所を設けて営業しようとする場合には、国土交通大臣が許可します（具体的には、本店所在地を所管する地方整備局長等）。

　都道府県庁等で、建設業許可の有無、許可を受けた工事の種類、専門技術者の氏名・専門領域の内容等について閲覧することができますので、問合せをすればよいでしょう。

　また、国土交通省のウェブサイト内には「建設業者・宅建業者等企業情報検索システム」というページがあり（<https://etsuran.mlit.go.jp/TAKKEN/kensetuKensaku.do>)、建設業許可の有無等について検索することができます。

Q8 リフォームかし（瑕疵）保険

Q 新築住宅の場合には業者の瑕疵担保責任を保証するための保険制度があると聞いたのですが、リフォームの場合にはそのような保険はないのでしょうか。

 A 「リフォームかし（瑕疵）保険」があります。

解 説

1 リフォームかし（瑕疵）保険とは

　リフォームかし保険は、リフォーム時の検査と、リフォーム工事に瑕疵（欠陥・不具合のこと）が見つかった場合の保証がセットになった保険制度です。住宅専門の保険会社（住宅瑕疵担保責任保険法人）が保険を引き受けます。

　リフォームかし保険は、万一、工事に瑕疵が見つかった場合に備え、その補修費用を賄うために事業者（リフォーム業者）が加入する保険であり（注文者が加入する保険ではありません）、個々の工事ごとに、着工前に保険を申し込み、施工中や完成時の保険法人の検査を経て、保険証券が発行されます。

　事業者が加入する保険ですので、保険金が支払われるのも原則として事業者に対してですが、事業者が倒産等してしまった場合には、注文者から保険法人に対し、直接保険金の支払請求をすることもできます。

　保険を引き受ける住宅瑕疵担保責任保険法人は、国土交通大臣が指定した住宅専門の保険会社で、2020年12月現在、5つの法人が指定されています。いずれも全国を対象に業務を行っており、事業者はこの中から自由に選択して保険契約を締結することができます。

　リフォームかし保険に加入する事業者は保険法人に事業者登録することが必要となります。リフォームかし保険では、リフォーム工事の施工中や工事完了時に、第三者検査員（建築士）による現場検査が行われますので、万が一の場合の補修費用支払いに備えるだけでなく、第三者チェック機能も期待できます。

2　保険の内容

(1)　保険対象

　保険対象は、リフォーム工事を実施したすべての部分です。新築建物の場合に、「特定住宅瑕疵担保責任の履行の確保等に関する法律」（住宅瑕疵担保履行確保法）で保険対象とされるのは、構造耐力上主要な部分および雨水の浸入を防止する部分に関する瑕疵ですが、リフォーム工事の場合は、工事を実施した部分すべてが対象になります。

　保険期間は、構造耐力上主要な部分および雨水の浸入を防止する部分については5年間、その他の部分は1年間です。

(2)　支払内容

　保険金の支払対象となる費用については、瑕疵の補修費用だけでなく、瑕疵調査のために要した費用（補修の必要な範囲や補修方法を確定するための調査費用。瑕疵の有無を調査するための費用は除きます）や、補修の際の仮住まい費用・転居費用等も含まれます。

　保険金の支払額ですが、上記の修補費用等から免責金額（10万円）を引いた金額の80％が支払われますが、リフォーム業者が倒産等してしまった場合には、発注者に対して直接、100％の保険金が支払われます。

　保険金の支払限度額については、保険会社のプランや請負代金額に応じた若干の違いはありますが、最大1000万円までの範囲で支払いがなされます。

(3)　免責条項

　下記のほか、一定の場合には保険金が支払われない場合があるので注意が

必要です。詳しくは保険会社等にご確認ください。

保険金が支払われない場合の例として、以下のものがあげられます。

① 付保住宅の虫食い・ねずみ食いもしくは当該付保住宅の性質・材質による結露または瑕疵によらない当該付保住宅の自然の消耗・摩滅・錆・カビ・むれ・腐敗・変質・変色・その他類似の事由

② 対象改修等工事に伴い設置、更新または修繕された機器、器具または設備自体の不具合（リフォーム業者による施工または組立て上の瑕疵による場合はこの限りではありません）

③ 対象改修等工事実施部分の瑕疵に起因して生じた、付保住宅に居住する者等の傷害・疾病・死亡・後遺障害

④ 対象改修等工事実施部分の瑕疵に起因して生じた、付保住宅以外の財物の滅失、汚損もしくは損傷または当該付保住宅その他の財物の使用の阻害

3　業者選びの参考に

リフォームかし保険の事業者登録をしている事業者かどうかは、一般社団法人住宅瑕疵担保責任保険協会のウェブサイト内の登録事業者等検索ページ（<http://search-kashihoken.jp/>）から検索することが可能ですので、業者選びの参考にしてください。登録された事業者については、保険利用件数などの情報も公開されています。

ただし、事業者登録をしているリフォーム業者であっても、保険そのものは個々の工事ごとに加入するものですので、自分が注文した工事について、リフォームかし保険に加入しているかどうかは確認が必要です。

また、登録事業者だからといって、絶対に手抜き・杜撰工事を行わないとは限りませんので、注文者自身がきちんとチェックすることが重要なのはいうまでもありません。

詳しくは、業者選びに関するＱ６、Ｑ７もご参照ください。

Q9 耐震診断、耐震改修とは

Q 最近、耐震診断、耐震改修をしたほうがいいという声が聞かれますが、耐震診断、耐震改修とは、どのようなものなのでしょうか。

 「建築物の耐震改修の促進に関する法律」（耐震改修促進法）によれば、「耐震診断」とは、地震に対する安全性を評価することで、「耐震改修」とは、地震に対する安全性を向上させるために増築、改築、修繕、模様替えもしくは一部の除去または敷地の整備をすることです。

解　説

1　大地震の発生と耐震改修促進法

　1964年の新潟地震や1968年の十勝沖地震で多くの建物が損壊し、それまでの耐震基準に疑問が呈され、1981年の建築基準法改正では建物の耐震性をより強化するための法改正が行われました（改正後の耐震基準は新耐震基準と呼ばれています）。その結果、同改正前に建てられた建物は新耐震基準を満たさない建物（「既存不適格建築物」と呼ばれています）となりました。

　1995年の阪神・淡路大震災では6430名余の死者が発生し、その約8割の方が建物の倒壊等や家具等の転倒による圧死と報告されていますが、その多くの方々は既存不適格建築物に居住されていた方でした。そこで、国は、耐震性を向上させる施策として1995年に耐震改修促進法を制定しました。しかし、2008年の時点でも、わが国の住宅4950万戸中、1050万戸が既存不適格建築物であるとされています。南海トラフ地震等の発生が高い確率で予測される中、早期に耐震性を向上させる取組みが求められており、2013年には耐震改修を

さらに促進しようとして同法の改正が行われました。

2　耐震化に関する日弁連意見書

　地震国日本では、本来、耐震性がない建物は、そもそも存立すること自体が問題となるはずです。しかし、実際問題としては、すでに耐震性のない建物が存立している以上、これを強制的に撤去させるわけにもいきません。どのようにしたら耐震性を備えた安全な建物にすることができるか悩ましい問題です。

　この点、日弁連では2012年3月15日、「今後の大震災に備えるための建築物の耐震化に関する意見書」を発しています。同意見書では、既存不適格建築物の所有者に対し一定期間（たとえば3年）内に当該建物の耐震診断を受診する義務や、一定期間（たとえば5年）内に耐震基準を満たす建物に改修または除却する義務を課し、国と自治体は、その診断費用、改修・除却費用につき憲法29条3項の正当な補償として相応の負担をすべきとの提言をしています（詳しくは日弁連ウェブサイトを参照ください）。

　確かに、個人所有の建物に公的資金を投入することについては異論もありましょう。しかし、阪神・淡路大震災では既存不適格建築物が道路を塞ぎ、消火活動を阻害し、街を火の海にさせたこと、建物が通行人の命や車を破損させる凶器となったことに思いを致すとき、耐震性のない建物の存在は社会生活に支障をもたらす存在といえます。地域全体としてその改善に努めなければならず、また、国や自治体もそうした危険な状態を漫然と放置して地域住民の生命や身体を害する等の最悪の結果を発生させたならば、場合によっては国家賠償等の責任追及がなされる事態も予想されます。予想される将来の危険を未然に除去し、予防する措置をとることは国や自治体の責務であることを考えれば、国と自治体が憲法29条に基づき相応の負担をすることこそ、国民や地域住民の負託に応える道ではないでしょうか。

3　2013年・2019年施行の改正耐震改修促進法

　この点、国は、耐震改修促進法により、建物の所有者個々人に対し、耐震性を向上させるために「耐震診断」、「耐震改修」を行うよう努力しなければならないとすることで耐震性を向上させようとしてきました。

　そして、2013年の同法改正では、さらに一歩進めて、住宅、小規模建築物を含むすべての既存不適格建築物に耐震診断、耐震改修の努力義務を課し、また所管行政庁には耐震診断、耐震改修の指導および助言の権限を付与しました。

　また、一定規模以上（病院、店舗、旅館等）の不特定かつ多数の者が利用する建物、学校、老人ホーム等の避難確保上特に配慮を要するものが利用する建物、危険物を取り扱う建物、避難路の沿道建物について、所管行政庁は耐震診断、耐震改修の指示が可能となり、指示に従わない場合、その旨を公表できることになりました。対象となる建物は、病院、店舗、旅館等は5000㎡以上、小学校、中学校は3000㎡以上、幼稚園、保育園は1500㎡以上などですが、これらの建物については2015年末までに耐震診断を実施することが義務化され、結果が公表されることになりました。現在、各自治体は、これまでの耐震診断の結果を公表しているところです。

　2019年の同法改正では、避難路沿道の一定規模以上のブロック塀等について、建物本体と同様に、耐震診断の実施および診断結果の報告が義務づけられました。

　耐震診断を行っていない旅館などが公表されることになれば旅館等の経営にも影響を及ぼすことになります。しかし一方では、不特定多数人が集まる場所での生命・身体の安全を確保することもまた経営上欠かせない要件でもありますから、改正法は、より改修をしやすくする要件の緩和等や支援制度を設けています。たとえば、「耐震改修計画の認定」制度の創設、容積率・建ぺい率の特例、耐震性を備えた建物の表示制度、マンションについては「区

分所有建築物の耐震改修の必要性に係る認定」を受けることにより耐震改修工事で共用部分を変更する場合に必要な議決権を緩和するなどの促進策等が用意されています。詳しくは、お近くの自治体に問合せをしてみてはいかがでしょうか。

Q10　素人でも簡単にできる耐震診断の方法は

 耐震診断の必要性はわかるのですが、夫は、「わが家は大丈夫だから」と言って聞き入れてくれません。何か簡単に判断する目安はないものでしょうか。

一般財団法人日本建築防災協会が編集し、国土交通省が監修している「誰でもできるわが家の耐震診断」を行ってみて、耐震性に対する関心を高めてもらってはいかがでしょうか。

解　説

1　耐震診断とその費用

　本来の耐震診断とは、建築士等の専門家が建物の耐震性がどの程度のものかを調査するもので、基礎、壁量、部材の接合部等、建物の骨組みや地盤状況等をチェックして、耐震改修工事の必要があるかどうかを判定します。

　もちろん、専門家に依頼して診断をしてもらうわけですから費用がかかります。木造住宅の場合、規模等によって異なりますが、約10万円～20万円といわれています。耐震診断にかかる個人の負担を軽くするため、国や自治体ではその費用の一部を補助する制度を用意しています。

　また、一定の条件を満たす場合、所得税や固定資産税の税制上の優遇制度も用意されています。さらに、一定の条件を満たす場合、耐震改修に要する経費について独立行政法人住宅金融支援機構による融資制度もありますので、詳細は、自治体や住宅金融支援機構に問い合わせてみてください。

2 「誰でもできるわが家の耐震診断」

　以上のように、耐震診断には費用がかかります。また、自治体がその費用の一部を援助してくれるといっても、自治体というと敷居が高いし、申請の手間暇がかかったり、面倒だと思っておられる方も多いのではないでしょうか。そうした方に耐震性についての興味・関心をもっていただくための初歩的診断方法があります。

　一般財団法人日本建築防災協会が編集し、国土交通省が監修している「誰でもできるわが家の耐震診断」です。これには以下の10個の問診が用意されています（ただし、表現は一部要約していますので、詳しくは日本建築防災協会のウェブサイト<http://www.kenchiku-bosai.or.jp/>内にある、「誰でもできるわが家の耐震診断」のページで確認してください）。

問診1　建てられたのはいつ頃か（昭和56年以降は1点）

問診2　大きな災害にみまわれたことがあるか（ない場合1点）

問診3　増築の有無（増築していない場合は1点）

問診4　傷み具合や補修・改修の有無（傷みがない場合等1点）

問診5　建物の平面はどんな形か（長方形に近い場合は1点）

問診6　1辺4m以上の吹き抜けがあるか（ない場合1点）

問診7　1階と2階の壁面が一致してるか（一致の場合は1点）

問診8　壁の配置・バランス（1階東西南北に壁がある場合1点）

問診9　屋根葺材と壁の多さ（1階壁が多い、または軽い屋根材である場合は1点）

問診10　どんな基礎か（鉄筋コンクリートの布基礎等は1点）

　日本建築防災協会によりますと、10点満点の場合はひとまず安心だが念のため専門家に診てもらいましょう、8〜9点の場合は専門家に診てもらいま

しょう、7点以下は心配ですので早めに専門家に診てもらいましょう、など
の判定基準を用意しています。この問診にチャレンジしてみてはどうでしょ
うか。

　ただし、これはあくまで素人が簡単にできる診断法という視点でつくられ
ていますので、できるだけ正式な耐震診断を受けることをお勧めします。

Q11 リフォームに対する公的補助や支援制度

Q 自宅をリフォームしようと考えているのですが、公的な補助の制度や、お得な融資や減税などの支援制度を利用できないでしょうか。

リフォームの種類（耐震、バリアフリー、省エネ等）や内容によって、いろいろな支援制度があります。全国一律に適用される支援制度以外にも、各自治体ごとに個別の支援制度がありますので、詳しくは、地元の市町村役場等にお問い合わせください。

解 説

1 リフォームに関する多彩な支援メニュー

ひと口にリフォームといっても、その内容はさまざまです。リフォームの目的によって大きく分けると、①耐震目的のためのリフォーム、②バリアフリー化のためのリフォーム、③省エネルギー化や環境対策のためのリフォーム、④それ以外のリフォームに分けられます。

また、支援制度の内容についても、減税制度や補助金制度等の経済的な支援もあれば、リフォームに先立つ耐震診断のように、専門家等を派遣してくれる人的支援もあります。

さらに、所得税額の控除のように、全国一律の支援もあれば、自治体ごとに異なる支援メニューを設けている場合もある等、リフォームに関する支援制度は多岐にわたっています。支援の内容によっては、時期的な期限が定められている場合もありますので、詳しくは、お住まいの市町村にお問い合わせください。

　なお、①耐震目的のためのリフォームについてはＱ９およびＱ10を、②バリアフリー化のためのリフォームについてはＱ12を、あわせてご参照ください。

2　支援メニューの一例

(1)　専門家の派遣支援と費用助成

　全国の多くの自治体では、昭和56年５月の建築基準法改正以前に建てられた建物について、耐震診断の実施や耐震改修計画案の作成等のために建築士を派遣したり、費用を助成する等の支援制度があり、自治体によっては無償で耐震診断を受けられる場合もあります。さらに、耐震診断結果に基づきリフォームを実施する場合にも、工事費用の助成が受けられることもありますので、ご利用されてみてはいかがでしょうか。詳しくは、後記３に記載している、「地方公共団体における住宅リフォームに係わる支援制度検索サイト」から調べてみてください。

(2)　リフォームに関する融資制度

　独立行政法人住宅金融支援機構では、バリアフリーリフォームや耐震改修リフォームを行う場合に、高齢者向け返済特例制度（満60歳以上の高齢者が自ら居住する住宅にバリアフリー工事または耐震改修工事を施すリフォームを行う場合について、返済期間を申込本人の死亡時までとし、毎月の返済は利息のみの支払いで、借入金の元金は申込本人が亡くなったときに一括して返済する制度）等の制度を設けています。詳細は、住宅金融支援機構に問い合わせてみてください。

(3)　所得税額の控除

　所得税とは、毎年、１月１日から12月31日までの１年間に生じた個人の所得に課される国税ですが、一定のリフォーム工事を行った場合、工事費用の金額に応じて、所得税額を控除する制度があります。

　控除期間や控除額等は、リフォームの内容等によって異なりますが、工事

完了後の確定申告を行うことにより、所得税額控除の適用が受けられる場合があります。

　税制の特例は頻繁に改正がありますので、詳しくはお住まいの市町村役場や税務署、国土交通省のウェブサイトなどで確認することをお勧めします。また、一般社団法人住宅リフォーム推進協議会のウェブサイトでも、リフォームに関する減税制度が説明されています（<http://www.j-reform.com/zeisei/>）。

3　支援メニューを調べるには

　計画しているリフォームがどのような支援の対象になるのかについては、お住まいの市町村役場に尋ねるほか、一般社団法人住宅リフォーム推進協議会のウェブサイト内には、「地方公共団体における住宅リフォームに係わる支援制度検索サイト（令和2年度版）」が設けられており（<http://www.j-reform.com/reform-support/>）、お住まいの市町村やリフォームの内容、支援の内容等から、お住まいの地域でどのような支援が受けられるのかを検索できるようになっています。

Q12 バリアフリー・リフォームの補助・助成制度

> **Q** 両親が高齢になってきたので、自宅をバリアフリーにするためのリフォームをしようと考えているのですが、補助や助成は受けられないのでしょうか。

 介護保険制度による住宅改修費の支給のほか、一定の減税措置や、お住まいの自治体によっては改修費用の助成が受けられることもあります。

解 説

1 バリアフリー・リフォームとは

一般に、「バリアフリー」とは、高齢者や身体障がい者等の社会的生活弱者にとっての生活の支障を取り除き、生活しやすくすることをいいます。住宅リフォームに関していえば、既存の住宅における、手すりの取付け、床の段差の解消、廊下および居室の出入口の拡幅、すべりにくい床材への変更、扉の取替え、洋式便器等への取替え等といった工事を施すことを、バリアフリー・リフォームといいます。

2 介護保険制度による住宅改修費の支給

介護保険制度では、要介護・要支援の認定を受けた方が、自宅に手すりを取り付ける等の住宅改修を行おうとするときに、要介護・要支援の区分にかかわらず、住宅改修費の9割相当額が支給されます（ただし、支給限度基準額20万円のうち、1割が自己負担となるので、支給額の上限額は18万円となります）。

なお、支給を受けられるのは基本的に一度だけですが、要介護状態区分が重くなったとき（3段階上昇時）や、転居した場合には、再度、20万円までの支給限度基準額が設定されます。

支給対象となる工事は、以下のもので、工事着工前に、工事見積書等の所定の書類を提出して申請する必要があります。

① 手すりの取付け
② 段差の解消
③ 滑りの防止および移動の円滑化等のための床または通路面の材料の変更
④ 引き戸等への扉の取替え
⑤ 洋式便器等への便器の取替え
⑥ その他①〜⑤の住宅改修に付帯して必要となる住宅改修

詳しくは、ケアマネジャー等に相談されるとよいでしょう。

3 バリアフリー・リフォームに伴う所得控除・減税措置

一定のバリアフリー改修工事を行った場合に、確定申告を行うことで、所得税額からの控除や固定資産税の減額が受けられることがあります。対象となる工事は、

① 通路等の拡幅
② 階段の勾配の緩和
③ 浴室改良
④ 便所改良
⑤ 手すり等の取付け
⑥ 段差の解消
⑦ 出入口の戸の改良
⑧ 滑りにくい床材料への取替え

で、たとえば、固定資産税の減額の場合、上記①〜⑧のいずれかに該当する

工事で、改修工事費用（補助金等を受けた場合は補助金控除後の金額）が 50万円を超える場合に、ⓐ65歳以上の者、ⓑ要介護または要支援の認定を受けている者、ⓒ障がい者、のいずれかが居住する住宅であることに加え、床面積の２分の１以上が居住用であること（併用住宅の場合）等、その他の一定要件を満たせば、バリアフリー改修工事を行った住宅の翌年分の固定資産税額（100㎡相当分までに限る）が、１年間、３分の１減額されることがあります。

なお、所得控除や減税措置の具体的な内容については、社会情勢や予算状況等により見直しが行われる場合がありますので、詳しくはお住まいの市町村役場や税務署等にお問い合わせください。

4　自治体による改修費用の助成等

上記のほか、お住まいの自治体によっては、介護保険で受けられる助成額を超える金額についても助成が受けられたり、改修工事のための資金融資援助を受けられることもありますので、バリアフリー・リフォームを検討の際は、最寄りの市区町村役場にもご相談されるとよいでしょう。

Q13 リフォーム被害に遭わないための注意点

 リフォーム被害に遭わないために注意すべき点を教えてください。

 訪問勧誘で即断してしまうなど安易に契約しないこと、建築士に相談すること、契約書や見積書・図面等をしっかりと作成・確認することが重要です。

解 説

リフォーム被害の主なものはQ１で述べたとおりです。

これらを防ぐために、以下の点に注意してください。

1　訪問勧誘では安易に契約しない

詐欺的リフォーム（無意味な工事や不要な工事を契約させられる被害）の多くは訪問勧誘で行われています。

一般に、自宅に突如来訪してリフォームを勧誘してくる業者の場合、良質なリフォーム業者であるとは限りませんので、安易に契約することは避けるべきです。即断即決せずに、慎重に検討することが重要です。

2　建築士に相談すること

リフォーム業者選びの前に、信頼できる建築士に相談すべきです。

施工業者から独立した建築士であれば、無意味な工事や不要な工事、あるいは、本当に必要な工事や優先順位等を、第三者的な立場から判断してくれるので、詐欺的リフォーム被害を防ぐことができます。

また、建物の安全性についても専門的知識を有しているので、この点につ

いても十分相談することで、破壊的リフォーム被害も防ぐことができます。

　さらに、建築士に依頼すれば、どこまでの範囲のリフォームが必要なのかを十分に打ち合わせ、図面等を作成してもらうことができます。そのため、工事内容がより明確となり、契約トラブルを防ぐ効果も期待できます。

　また、建築士に監理を依頼すれば、図面と工事とが異なっていないかチェックを行ってもらうことができます。

　ただし、どのような建築士でも大丈夫だというわけではありません。リフォーム業者等から紹介された建築士は、紹介してくれた業者には強く意見を述べることができないことがありますので、注意が必要です。

　また、デザインだけを強調する建築士にも注意してください。特に破壊的リフォームを避けるためには、建物の安全性についても詳しく説明をしてくれる建築士に依頼しましょう。

3　契約内容をはっきりさせる

　リフォーム工事では、「○○一式」という見積書があるだけで、契約書も図面も作成されないまま工事が行われることが多くあります。しかし、これでは契約の内容が客観的に全く明らかではありません。このような契約内容の不明確さが、多くの契約トラブルの一因となっています。

　たとえば、工事内容が事前の説明と全く異なっていた場合に苦情を申し入れても、当初の契約内容を明らかにする証拠がないのをよいことに、リフォーム業者から「そんな約束はしていない」と言われかねません。追加工事代金を請求されたような場合でも、どこまでが当初の契約内容だったのかを明らかにする証拠がないことになってしまいます。

　したがって、リフォーム工事を依頼する際には、工事内容を明示した契約書を作成することが非常に重要です。

　契約書には、工事の内容がはっきりと記載された図面を添付し、また、「○○一式」だけではない、詳細な見積書（工事内訳明細書）を添付してもらう

べきです（見積書のチェックについてはQ19〜Q21も参照してください）。

　このような図面や詳細な見積書を提出してくれないようなリフォーム業者とは契約を行わないことが、契約トラブルを防ぐために重要です。

Q14 過剰なリフォームの勧誘への対処

Q 最初、キッチンだけをリフォームしようと考え、工務店と相談しているうちに、風呂場や居間もリフォームしたらどうかと強く勧められ、迷っています。どのような点に注意して検討すればよいでしょうか。

 リフォームしたい場所をあらかじめすべて抽出したうえで、予算の枠内で、優先順位をつけて無理のないリフォームを検討する必要があります。検討にあたっては建築士に相談することも大切です。見切り発車で安易に工事を始めることは控えましょう。

解 説

　リフォーム工事の開始後、リフォームしたいと思う箇所がだんだん増加・拡大していくことはよくあることです。ただ、工事は、全体を計画したうえで無駄な工程をなくして行うことが時間的にも経済的にも合理的です。

　この点、悪質業者の中には、わざと小出しに部分的リフォームを勧めて、契約を繰り返し、一括で施工する場合よりも、かえって高額な代金を請求する業者もいますので、注意が必要です（このような形のリフォームは「次々リフォーム」と呼ばれたりします）。また、500万円以上の工事を請け負うには建設業許可を受けていることが必要になりますが、許可を受けていないリフォーム業者が大きな工事を受注するために、まずは、500万円未満の工事として請け負い、工事後にさらに契約して工事を重ねるという脱法的な手法を用いるような業者も存在します。

　このような被害に遭わず適切なリフォーム工事を実現するためには、まず、リフォームしたい箇所、リフォームすべき箇所（たとえば耐震補強）をすべ

て抽出したうえで、予算の枠内で、優先順位をつけるなどして無理のないリフォームプランを策定することが必要です。そして、リフォームプランの策定にあたっては、信頼できる建築士に相談することも大切です。既存建物の耐震強度を踏まえて、建物の安全性にも配慮して、注文者の希望を予算の範囲内で実現するには、専門的知識を有する建築士の協力が不可欠だからです（Q5、Q13参照）。工事を行うリフォーム業者から建築士を紹介されることもありますが、本当に注文者の立場に立ってリフォーム工事を検討してくれるのかは立場上疑問があります。コストはかかりますが、注文者の味方になってくれる建築士を関与させることは、結果として無駄な出費を抑え、適切なリフォーム工事の実現につながるといえます。

　大事な住まいの問題ですから、見切り発車で安易に工事を始めることだけは、絶対に控えましょう。

Q15 モニター商法

> **Q** リフォーム業者から、「今、当社のモデル工事としてウェブサイトに掲載させてくれるお宅を探しています。値引きさせていただきますので、ぜひ、この機会に契約しませんか」と勧誘されているのですが、本当にお得なのでしょうか。

 「モニター商法」といわれる詐欺的商法の可能性があります。
モデル（モニター）とされていない他のリフォーム工事と比較するために、相見積りをとったほうがよいでしょう。

また、すでに契約してしまった場合でも、不実告知を理由に契約を取り消すことができる場合もあります。

解 説

　訪問勧誘等により、「モデル工事なので、格安でリフォームを実施できますよ。モデルの枠は残りわずかですから、今がチャンスです」などと言って勧誘し、契約をしたものの、実は、それほど割安でもなかったという被害相談が多く寄せられています。2013年2月には、このような勧誘をしていたバスルーム等のリフォーム業者に対し、東京都と埼玉県が、特商法違反を理由に業務停止命令を行っています。

　このような詐欺的商法は「モニター商法」などと呼ばれ、消費者心理を突いた実に巧妙な手口です。被害に遭わず、適正な価格で契約をするためには、複数業者から見積りをとったほうがよいでしょう（相見積り）。

　そして、もし、値引きをすると勧誘されて、通常よりも安価にリフォームが実施されるものと勘違いさせられて契約をした場合には、リフォーム業者の行為は、いわゆる「不実告知」にあたります。契約の締結が訪問勧誘等に

よるものであれば、特商法9条の3第1項1号に基づき、契約を取り消すことができます。また、特商法の適用がない場合でも、消費者契約法4条1項1号により、契約を取り消すことができます。いずれの場合も、値引きをしているということが事実に反することを知った時から1年以内に取消権を行使しなければなりません。契約から5年経過した場合も、取消しができなくなります。

　もちろん、クーリング・オフにより、契約の申込みの撤回（解除）をすることができる場合もあります。クーリング・オフについては、Q24～Q27をご参照ください。

Q16　点検商法

Q 　１週間前、突然業者が訪問してきて、「排水管の無料点検をしている」と言われ、無料ならばと思い、点検を頼みました。点検後、「床下に水が漏れているので給排水管の交換と、腐っている床下の補強工事と換気も必要です。今すぐ契約してくれればキャンペーン価格で工事ができます」と言われ、すべて一式で150万円の契約を締結してしまいました。契約は取り消せるのでしょうか。

特商法に基づくクーリング・オフ、契約取消しや、消費者契約法に基づく契約取消しを検討しましょう。

解　説

1　点検商法とは

「点検商法」とは、無料あるいは格安での点検をもちかけ、点検の結果、「このままでは大変なことになる」などと消費者の不安を煽り、新たな商品の販売やサービスの提供を契約させる手口をいいます。屋根や床下、排水管など、普段意識的に見ることのない部分の点検が多くみられます。

2　被害の増加

「点検商法」による被害は、以前から高齢者を中心に発生していましたが、最近再び増加傾向にあり、独立行政法人国民生活センターに寄せられた相談件数は、2017年度（平成29年度）は5415件、2018年度（平成30年度）は5683件、2019年度（令和元年度）は5753件に上ります（2020年９月30日現在、国民生活センター発表相談件数）。

　2020年（令和2年）3月には、「点検商法」を用いて、消費者に対して事実と異なる説明をしたり、不要な契約を締結させたり、迷惑勧誘を行っていた事業者に対し、特商法違反で15カ月の業務停止命令がなされています。

3　問題点

　「点検商法」は、高齢者が被害に遭いやすいことや、不安を煽り正常な判断ができない状態で直ちに契約をさせること、当初の契約が比較的低額であることから気軽に契約しがちであること、等に大きな問題があり、一度契約すると、次々に他の場所についても契約を迫り、結果的に契約金額が高額化する傾向がみられます。

4　対　策

　「点検商法」に対する対策としては、基本的にはQ13～Q15に記載されているものと同様ですが、頼んでもいないのに突然訪問してくる業者には応対しないことが最も大事です。また、点検のためと称して自宅内に入れてしまうと、室内の状況を観察され、経済状態や個人情報を知られてしまう危険もあります。

　仮に、業者に点検を依頼してしまった場合でも、業者から示された点検結果を鵜呑みにすることなく、本当に工事が必要か、建築士などの専門家に助言を求めるなどして、直ちに契約を締結しないようにすることが重要です。

　万が一、契約を締結してしまった場合でも、特商法上の訪問販売に該当する場合には、クーリング・オフや契約取消しができる場合がありますので、早めに弁護士や消費者センターなどに相談してみましょう。

　クーリング・オフの行使方法などについては、Q24～Q27も参照してください。

Q17 保険適用で住宅修理

大型台風の被害を受け、室内に雨漏りが発生していたところ、業者が訪問してきて、「雨漏りの補修に保険金が使えるので補修をしないか」、「保険金の請求手続についても当社でサポートする」などと勧誘を受けました。業者から示された契約書には、「工事請負契約」のほかに「保険金請求サポート契約」と記載されていますが、このまま契約してしまって大丈夫でしょうか。

安易に契約を締結する前に、保険会社や自治体等に確認することが重要です。

解　説

1　被害の増加

　世界的な気候変動の影響もあり、ここ数年、毎年のように、大型台風の襲来や大規模水害などの自然災害が発生しています。これら自然災害により被災した住宅所有者は、次の災害に遭う前に、被災箇所を補修しようと考えるのが一般であり、保険金や自治体からの支援金等を補修費用にあてることができれば、被災による経済的ダメージへの支出を抑えることができます。そのような消費者心理につけ込んだ悪質業者による被害が増加しています。

　独立行政法人国民生活センターに寄せられた、「『保険金が使える』と勧誘する住宅修理サービスの相談件数」は、2008年度（平成20年度）はわずかに36件だったのが、2016年度（平成28年度）は1081件、2017年度（平成29年度）は1177件、2018年度（平成30年度）は1759件、2019年度（令和元年度）は2684件と、ここ数年の間に急増しています（2019年（令和元年）10月1日国民生活

センター報道発表資料）。中でも、住宅修理に関する請負契約のほかに、「請求手続代行契約」、「保険金請求サポート」といった契約をあわせて締結させる事案が多く認められます。

2　問題点

被災後のリフォーム工事に関する留意点については、Q55、Q56にも記載していますが、「急ぐ契約は危ない」といわれるように、落ち着いて慎重に考えることが必要です。また、補修工事に保険等を用いる場合、経年劣化による損傷部位の補修費用や、保険金請求手続の代行やサポートの手数料等については自然災害によるものではないので、本来、保険金支払いの対象にならないことも忘れてはなりません。

トラブルとなる事案としては、保険金請求の手数料として保険金の3割〜4割もの金額を請求されたり、工事請負契約を解約（クーリング・オフ）したところ、高額の違約金を請求されたり、保険金を受領しておきながら、いっこうに工事着手しない事案などが見受けられます。

3　対　策

まずは、安易に契約をしないことが重要です。見積りの時点では、そもそも損傷箇所の補修費用が保険金支払いの対象となるかすら不明ですし、手続の代行やサポートの手数料を、受領した保険金から支払ってしまうと、その分補修費用が不足することになります。

また、保険金支払いの対象でない（経年劣化による損傷である）ことを知りながら、業者から勧められるままに虚偽の請求をした場合、保険金が支払われないどころか、場合によっては建物所有者自身が刑事罰（詐欺罪）の対象となるおそれもあります。

契約している保険会社に契約内容を確認したり、自治体に支援金等交付の要件や金額を確認するなどして、十分に確認することが必要です。

Q18 太陽光発電システム設置の際の注意点

Q 自宅をリフォームする際に、太陽光発電システムを導入し、屋根に太陽光パネルを設置しようと思います。どのような点に注意すればよいでしょうか。

 太陽光パネルの重量が屋根の強度や建物自体の強度に影響を与えないか、屋根への取付方法が安全・適切にできるのか、費用対効果はあるのかなどを慎重に検討することが大切です。

解 説

電力不足や環境負荷の軽減が問題となってきた昨今、自宅でも発電しようと考え、太陽光発電システムを導入する動きが広がっています。

独立行政法人国民生活センターに寄せられる太陽光発電システムに関するトラブルの相談件数は、ここ数年は年間3000件〜5000件で推移しており、相談の内容としては、「電気代がかからなくなる」といった、業者による過剰なセールストークや不正確な説明に関するものや、長時間勧誘、夜間勧誘などの勧誘態様に関する相談が寄せられています。

また、太陽光発電システムに関しては、平成31年1月28日付けで、消費者庁から、「住宅用太陽光発電システムに起因した住宅の火災事故に注意！」と題したニュースリリースが出されており、太陽電池モジュールの設置形態によって、火災が発生するリスクが生じうることも指摘されています。

そもそも、既存の建物に安易に太陽光パネルを取り付けることには、注意が必要です。太陽光パネル自体の重量が、屋根の強度、さらには建物自体の耐震強度との関係で問題が生じる可能性があるからです。

また、既存の屋根に後からパネルを取り付けることになるため、取付方法

によっては、雨漏りを引き起こすなど屋根自体を傷めるおそれもありますし、万一、パネルが屋根から落ちたり、強風時に飛んだりした場合には第三者に損害を与えるおそれもあります。

　そこで、取り付けようとする太陽光パネルと、屋根や建物の状態等を十分に検討したうえで、信頼できるリフォーム業者に依頼することが重要です。リフォーム業者が検討しなかったり、適切な回答が得られない場合には、建築士等の専門家の意見を聞くことが大切です。

　なお、太陽光発電システムを導入する際には、行政からの補助金等が出る場合が多いですが、それでも高額な出費となります。他方で、発電した電力がいくらで売れるのかなど経済的効果やシステムの耐用年数なども勘案し、費用対効果が本当にあるのかを慎重に検討することも重要です。

Q19 見積書のチェック

> Q 床のリフォーム工事を行うことにしました。相見積りをとった
> ところ、家を建ててもらったA建設からは見積書A（74頁）が、
> 格安リフォームをセールスポイントにしているB建設からは見積書B
> （76頁）が送付されてきました。
> どのようなポイントに気をつけて比較したらよいでしょうか。

 見積書を比較する際のチェックポイントとしては、以下のものが
あげられます。

①　見積書に、材料・数量・工賃・消費税・経費が明記されているか。

②　見積りの内容についての質問に対し、納得のいく説明をしてくれたか。

③　リフォーム業者は、現場を見て見積書を作成したか。

④　（設計事務所に依頼したとき）見積書が設計事務所の作成した設計図に
沿っているか。

⑤　「○○工事一式」という見積りではないか。

⑥　見積りの中に「別途」との記載がないか、その定め方の約束がなされ
ているか。

⑦　金額（安さ）だけに目を奪われていないか。

⑧　疑問に思ったら、信頼のおける建築士等の専門家に相談する。

解　説

1　見積書の比較

見積書は、リフォーム業者の質を見分ける重要な基準になります。

　見積書をもらったら、工事の内容が頼んだ内容と比較して適正か、金額が適正か、注文者にわかりやすいように書いてあるかどうか等をチェックします。その際、前記①〜⑧のチェックポイントに気をつけましょう。

　たとえば、見積書AとBを比較してみます。

　見積書Aは、全体の概要の見積りがあり、その後、項目ごとに詳細内訳が付けられています。

　そして、詳細内訳では、材料の仕様について詳しい記載があり、数量、単価についても明記されているため、工事の内容が頼んだ内容と比較して適正か、金額が適正かを判断する材料があります。

　また、表書きに消費税が明記されており、金額について注文者がわかりやすいよう記載されています。

　これに対し、見積書Bは、一式との記載しかなく、材料の仕様、数量、単価について明記されていません。これでは、工事内容がわからず適正なものか判断できません。

　また、表書きに消費税は明記されておらず、金額について注文者にわかりやすい記載とはいえません。

　大雑把な見積りしかない場合は、工事の設計や積算がルーズであるか、場合によっては、高すぎることもあるので契約を避けましょう。

　見積書を受け取るのは、リフォーム業者と何度か打合せをした後のことになるので、今さら契約を断るとは言いにくいかもしれませんが、後悔しないように断る勇気をもつことも大事です。

2　見積書の内容の検討方法

　リフォーム業者が提示した見積りが適正かを、注文者だけで判断することは難しいかもしれません。工事金額に疑問がある場合は、部品メーカーのショールーム、住宅雑誌等で、リフォーム業者やリフォーム工事費についての情報を収集し、金額の根拠が不明なところや納得できない部分については、

リフォーム業者に質問してみましょう。

　信頼のおける建築士等の専門家に相談することも検討してみてください。また、国土交通省が所管している公益財団法人である住宅リフォーム・紛争処理支援センターでは、実際の見積書を郵送またはファクシミリで送付して、相談員が見積書の内容を無料でチェックしてくれる住宅リフォーム見積チェックシステム（住まいるダイヤル：0570−016−100）がありますので、それを利用してもよいでしょう。

（見積書Ａ）

御 見 積 書

令和○年10月31日

○○様邸床リフォーム工事

下記の通り御見積りを申し上げます。

御見積り金額　　　　　￥2,720,845.－

上記金額には消費税（10％）が含まれております。

内訳　　工事金額　　￥2,473,495　　消費税相当額　　￥247,350

工 事 名　　　○○様邸　床リフォーム工事

> よい見積書では、消費税を明示することが多いです。必ず特定するわけではありませんが、業者の姿勢をうかがい知ることができます。

工事箇所　　○○市××

工　　期　　令和○年×月△日～令和○年×月△日

別途条件

> よい見積書では、工期・有効期限・備考など、できるだけ有益な情報を提供することが多いです。

有効期限　　見積り提出より３ヶ月

備考　　建築物価の変動がありうるため、有効期間を３ヶ月としております。

株式会社　Ａ建設
〒000－0000
●●県○○市××

見積内訳明細書

○○様邸　床リフォーム工事　　　　　　　　　　　　　　　　　　　　No. 1

No.	名　称	仕　様	数量	単位	単価	金　額	備　考
①	玄関ホール		1	式		240,550	
2	LD・キッチン		1	式		903,654	
3	食品庫		1	式		154,954	
4	トイレ		1	式		225,076	
5	洗面脱衣室		1	式		289,261	
6	パテ除去		1	式		82,000	
7	雑工事		1	式		123,000	
8	諸経費		1	式		455,000	
	小　計					2,473,495	
	消費税					247,350	
	税込金額					2,720,845	
	御見積り金額					2,720,845	

> よい見積書では、最初に全体の概要の見積りがあり、その後は、その項目（No.）ごとに詳細内訳を作ります。
> この例では、No. 1「玄関ホール」のみを記載しましたが、実際には、その後、No. 8「諸経費」まで、各項目すべてに詳細内訳があります。

No. 1

見積内訳明細書

○○様邸　床リフォーム工事　　　　　　　　　　　　　　　　　　　　No. 2

No.	名　称	仕　様	数量	単位	単価	金　額	備　考
①	玄関ホール						
	解体工事	床：仕上・下地共	1	式	22,000	22,000	
				式	18,000		
	内装材						
	木部塗装			式	15,000		
	床：フローリング張り	杉無節・t24	2.42	㎡	9,000		
	根太垂木		5	本	850		
	壁：石〇			㎡	400		
	壁：漆〇			㎡	4,000		
	巾木			m	1,600		
	玄関框		2	本	19,000	38,000	
	敷居	ホール⇔LD	1	本	7,500	7,500	
	労務費		1	式	61,500	61,500	
	残材処分費		1	式	18,000	18,000	
	小計					240,550	

> よい見積書では、仕様をできるだけ具体的に特定します。この例では、床のフローリング材について、「杉」の「無節」を使っています。「t24」は厚みを示しています。

> よい見積書では、単価を明示します。これにより、適正価格（相場）との比較をすることができます。相場は変動しますので、専門家（建築士）等に相談することをお勧めします。

> よい見積書では、数量を明示します。リフォーム工事の場合は、すでに家具等があり、数量を量ることが難しいこともあるのですが、できるだけ特定します。

No. 2

（※以下、No. 2 ～ No. 8 の内訳の項目があります）

（見積書B）

御 見 積 書

令和○年10月31日

○○ 様

> 悪い見積書には、消費税や工事の内容などの情報が表書きにないものが多いです。要するに大雑把です。金額も大雑把で、10円以下の費用がなく、丸まった金額になっているものが多いです。ただし、よい見積りでも値引き等で丸めることはあります。

御見積り金額　　　￥2,400,000.－

> 悪い見積書には、「一式」見積りしかなく、詳細内訳がないものがあります。「仕様」も「数量」も「単価」もないので、工事の内容が適正かどうかも判断のしようがありません。仮に詳細見積りが付いていても、仕様や単価がわからなかったり、調べずに作ったものは悪い見積書です。

有限会社　B建築
〒000－0000
●●県○○市××

○○様邸　床リフォーム工事

No.	名　称	仕　様	数量	単位	単価	金　額	備　考
1	玄関ホール		1	式		250,000	
2	LD・キッチン		1	式		900,000	
3	食品庫		1	式		150,000	
4	トイレ		1	式		250,000	
5	洗面脱衣室		1	式		300,000	
6	パテ除去		1	式		100,000	
7	雑工事		1	式		120,000	
8	諸経費		1	式		450,000	
	小　計					2,520,000	
	消費税額					252,000	
	税込金額					2,772,000	
	出精値引					－372,000	
	御見積り金額					2,400,000	

〈見積書のチェックポイント〉

【総　論】

　見積書は、リフォーム業者の質を見分ける重要な基準になります。工事の内容が頼んだ内容と比較して適正か、金額が適正か、そして、適正であることがわかるように書いてあるかどうかをチェックします。

　具体的には、内容が詳細か（「一式」見積りでないか）、材料の特定がされているか、単価や数量の記載があるか、といったことがチェックポイントになります。

　大雑把な見積りしかない場合は、工事の設計や積算がルーズであるか、場合によっては高すぎることもあるので、契約を避けましょう。見積書が出る頃は、リフォーム業者と何度か打合せをした後で、契約を断りづらいこともあるかもしれませんが、あとで後悔しないように断る勇気をもつことも大事です。

　なお、リフォーム業者等に直に依頼するときには、リフォーム業者が提示した見積りが適正かを注文者だけで判断することは難しいかもしれません。専門家に相談することも検討してみてください。

【チェックポイント】

・見積書に、材料・数量・工賃・消費税・経費が明記されているか。

・見積りの内容についての質問に対し、納得のいく説明をしてくれたか。

・リフォーム業者は、現場を見て見積書を作成したか。

・1社のみの見積りでは妥当なものかの判断ができないこともある。疑問に思ったら、信頼のおける第三者の専門家に相談。

・（設計事務所に依頼したとき）見積書が設計事務所の作成した設計図書に沿っているか。

　NG！　「一式」見積りとなっていないか。

　NG！　見積りの中に「別途」があり、その定め方の約束がない。

　NG！　見積りについての説明がほとんどなく、「任せてくれれば、ちゃんとやる」などと言っていないか。

　NG！　金額（安さ）だけに目を奪われていないか。

Q20 「○○工事一式」との見積書は要注意

Q 先日、突然リフォーム業者が自宅に訪ねてきて、「外壁に細かいひび割れが多数入っている。今のうちに修理しないと崩れるおそれがある」と言うので、工事の見積りを依頼することにしました。後日、業者が持ってきた見積書には、工事代金100万円と「外壁工事一式」との記載だけで、どのような工事がされるのかの説明はありませんでした。

　このリフォーム業者に外壁のリフォーム工事を依頼して問題はないでしょうか。

A 「外壁工事一式」との見積書では、工事内容がわかりません。本当に必要な工事なのかを注文者が判断することができず、また、リフォーム業者が見積書に含まれない工事を行ったと言って高額な追加代金を別途請求してくるなど、トラブルになるおそれがあるため、このような見積書だけでリフォーム工事を依頼することは避けるべきです。

── 解 説 ──

1　リフォーム工事の訪問勧誘

　設問のような訪問勧誘の場合、リフォーム業者が住人の不安を煽って必要のない工事を勧めてくることがあります。

　しかし、たとえば「外壁に細かいひび割れが多数ある」と言われても、すぐに工事を依頼するのではなく、具体的にどこにどのようなひび割れがあるのか、どのような工事をする必要があるのか等についてリフォーム業者に説明を求め、他のリフォーム業者にも相見積りを依頼する等したうえで、家族

等と相談して本当に必要な工事であるかを冷静に判断しましょう。

　リフォーム業者の説明に不審な点があった場合や、不要な工事であることが判明した場合は、毅然として断りましょう。

2　「○○工事一式」との見積書は要注意

(1)　工事内容を明記してもらう

　工事が必要であるかを判断するうえで、見積書にどのような記載があるかが重要になります。

　設問のような「外壁工事一式」という見積書だけで、リフォーム業者から工事内容について説明もない場合は、どのような工事をするのかが不明であり、本当に必要な工事であるかを判断する材料が全くないことになります。

　このように、必要な工事であるかについて、判断する材料がないまま工事を依頼すると、リフォーム業者に言われるがまま必要のない工事をすることになり、後々トラブルとなるおそれがあります。

　工事を依頼する際は、見積書に工事内容を明記してもらい、どのような工事を行う予定なのかリフォーム業者に詳しい説明を求めましょう。

(2)　単価や数量を明記してもらう

　そもそも「○○工事一式」との見積書では、一式に含まれている工事内容および材料費、工事費の単価や数量が不明であるため、適切な工事なのか、工事代金が適正なのか等について判断することができません。

　また、工事の途中もしくは工事が終わってから、リフォーム業者が「見積書に含まれていなかった工事が必要になった」、「この工事は追加工事になるので別料金になる」などと言って、元々の工事代金よりも高額な代金を別途請求してくる等のトラブルが生じる原因になります。

　見積書は、「○○工事一式」との記載ではなく、工事内容、材料費、工事費の単価や数量について明確に記載してもらったものを求めるようにしましょう。

工事内容や工事代金が適正かについては、他のリフォーム業者に同一条件で見積りをとる等して検討しましょう（見積書を比較する際のチェックポイントについてはQ19をご参照ください）。

工事の範囲についても、追加工事が必要になったりしないかリフォーム業者に必ず確認しておき、できれば追加工事が発生しないことについて文書に残して明確にしておくべきです（追加工事費用を請求されたときについてはQ35をご参照ください）。

3 「○○工事一式」の見積書だけで契約してしまった場合

訪問販売業者は、契約締結時に、法定の書面を交付する必要があり（特商法5条）、法定の書面の交付を受けた者は原則として法定の書面の交付を受けた日から8日以内であれば、クーリング・オフの行使による契約解除を書面で行うことができます（特商法9条1項）。

このことは、裏を返せば、訪問販売業者から法定の書面の交付がない限り、クーリング・オフの期間がスタートせず、契約から8日を過ぎてもクーリング・オフの行使による契約解除ができることになります。

訪問販売業者が、交付する必要がある法定の書面には、権利または役務を特定できる記載をする必要があり、設問で渡されている見積書の「外壁工事一式」との記載は権利または役務を特定できる記載とはいえないことから法定の書面にあたらないため（平成29年11月1日付け消費者庁次長、経済産業省大臣官房商務・サービス審議官発、各経済産業局長及び内閣府沖縄総合事務局長あて「特定商取引に関する法律等の施行について」）、相談者は、法定の書面の交付を受けていないことになります。

したがって、クーリング・オフの期間がスタートしていないことになるため、契約から8日を過ぎていてもクーリング・オフの行使により契約を解除することができます。

なお、クーリング・オフについては、Q24～Q27をご参照ください。

Q21 見積書の「諸経費」、「雑費」とは何ですか

 外壁のリフォーム工事の見積書を見ていると、「諸経費45万円」、「雑費10万円」との記載がありました。

「諸経費」、「雑費」の中身について詳しい記載はなく、リフォーム業者から特に説明もなかったのですが、これはどういうものなのでしょうか。私が負担しなければならない費用なのでしょうか。

 「諸経費」とは、契約書の印紙代や保険料、現場で工事をするための人件費、現場事務所の地代、駐車場代等の経費のことです。

「雑費」とは、一般的に材料の処理費用やコーキング材代などの、実際に工事を行う際に必要となってくる細かい費用のことです。

=== 解 説 ===

1 諸経費

諸経費とは、一般的に現場管理費と一般管理費をあわせたものです。

現場管理費は、現場で工事を行う際に発生する経費で、契約書の印紙代、建築工事保険等各種保険の保険料、現場で工事をするための人件費、現場事務所の地代、工事関係車両の駐車場代、ガソリン代、現場で使う事務用品代などが含まれます。

一般管理費は、現場で工事を行う際に発生する経費以外の経費で、施工をするリフォーム業者の事務所を維持するための経費であり、事務職や営業職の社員の人件費といった、工事に間接的にかかる費用が含まれます。

一般的に、諸経費について見積書に細かく記載しているリフォーム業者はあまりおらず、業者間で金額の開きもありますが、工事本体価格の20％前後

となることが多いようです。

　もっとも、諸経費の根拠については、特に明確な基準を定めず、大体これ
ぐらいだろうという理由で諸経費を見積書に記載したり、見積書の中で記載
している費用を諸経費の中にも二重計上したりしている場合もあります。

　諸経費の金額があまりにも大きい場合や、中身が不明な場合は、リフォー
ム業者に内訳を示すように求めて、納得のいく説明をしてもらうようにしま
しょう。

　リフォーム業者から、内訳を示してもらい説明を受けた際に、二重計上が
あったりした場合は、業者に対して諸経費から差し引くように交渉すべきで
す。

2　雑　費

　見積書の中で、現場で工事を行う際に必要となってくるもの、たとえば、
材料の隙間を埋めるためのコーキング材代、材料組立てのための接着剤代、
塗装のためのペンキ代などの細かい費用について、まとめて「雑費」として
計上されていることがあります。雑費が高額で、内容がよくわからない場合
は、リフォーム業者に納得のいく説明を求めましょう。

　どのような費用を雑費に含めるかは、リフォーム業者によって異なると思
われるため、工事内容や見積書記載の材料費、工事費、雑費に含まれている
内容について詳しく聞いたうえで、同じ内容で他の業者に見積りをとるなど
して、比較するとよいでしょう。

3　見積書に不明な記載があった場合の対応

　「諸経費」「雑費」に限らず、見積書に不明な記載があった場合は、必ずリ
フォーム業者に説明を求めるべきです。

　後々のトラブルを防ぐためにも、見積書に不明な点が残ったままでの契約
締結は避けるべきです。

Q22 見積作成費用

Q 先日、突然リフォーム業者が自宅に訪ねてきて、「外壁にひび
割れがあるので直したほうがよい」と言われたので、リフォー
ム工事を依頼するかどうかを決めるために、取りあえず見積りを頼みま
した。

後日、リフォーム業者が持ってきた見積書には、工事代金500万円、「外
壁工事一式」との記載だけで、どのような工事がされるのかの説明はあ
りませんでした。

工事代金があまりにも高額であったことから、契約を断ったところ、
リフォーム業者は「見積作成費用として工事代金の10％を支払ってもら
う必要がある」と言って、50万円を請求してきました。

事前にリフォーム業者から見積作成費用がかかるという説明はなかっ
たのに、業者の請求どおり支払わなければいけないのでしょうか。

 見積作成費用の支払義務が生じるのは、事前に当事者間で見積り
を作成してもらうにあたり費用が生じることについて合意があっ
たといえる場合です。

設問では、リフォーム業者から事前の説明がなく、見積作成費用について
の合意があったとはいえないことから、50万円を支払う必要はありません。

解 説

1 見積りの法的性質

本設問における見積書の作成は、リフォーム業者が自分のところへ工事を
申し込んでもらうために行う営業活動の一環であり、リフォーム工事契約の

申込みの誘引（相手方に申込みをさせようとする意思の通知）にあたると考えられます。

したがって、リフォーム業者に見積書の作成を依頼しても、リフォーム工事契約を申し込んだことにはならず、業者から見積書をもらい（申込みの誘引）、工事の依頼をした時点で契約の申込みがあったことになり、業者が承諾をした時点で契約成立となります。

2 見積作成費用

見積書の法的性質が、申込みの誘引であると解されることから、見積書の作成は原則無償であると考えられます。

ただし、すべてのリフォーム業者が無料というわけではないため、見積りを依頼する前に確認しておくべきです。

確認の結果、見積作成費用がかかるということであれば、費用がいくらかかるのか、どのような方法で算定しているのか等について説明を求め、できれば金額や算定方法について請求書等の形で文書をもらうようにしましょう。

確認をしていなかった場合でも、前述のように見積書の作成は申込みの誘引であることから原則無償と考えられ、費用がかかるのであればリフォーム業者が説明する必要があると考えられることから、事前の説明がなかった場合は支払う必要はないでしょう。

3 事前の説明なしに費用の請求があった場合の対応

見積りを依頼する前に、リフォーム業者から見積作成費用について全く説明を受けていないにもかかわらず、後日請求をされても、支払う必要はありません。

リフォーム業者が執拗に請求してくる場合は、弁護士もしくは近隣の自治体の消費生活相談センターに相談するなどして対応しましょう。

4　事前に説明を受けていた場合

　事前に見積作成費用がかかるとの説明を受けていたとしても、設問のように、「外壁工事一式」との簡単な見積書の作成だけで50万円の作成料というのは暴利行為であり、合意は公序良俗違反（民法90条）もしくは不当条項（消費者契約法10条）として無効と考えられます。

　見積作成費用については、トラブル防止の観点から、費用がかかるという点だけではなく、金額や具体的な算定方法についても詳しく確認するようにして、できれば文書に残しましょう。

Q23 契約書作成時の注意点

 契約書作成の際、どのような項目に留意すればよいでしょうか。

 契約内容、特に工事の内容、工事ごとの価格をしっかり確認しておくことが重要です。その他、瑕疵担保責任条項もしっかり確認しておきましょう。

解 説

1 リフォーム工事の法的性質

リフォーム工事を内容とする契約は、法的には建設工事の「請負」契約に該当します。

民法上、請負契約は、書面によらず口頭のみで成立するとされていますが、リフォーム工事を発注するときは、口約束ではなく必ず書面をもって契約をするようにしましょう。

2 契約書作成にあたって

(1) 安易に署名捺印しない

契約書を作成する場合、リフォーム業者が準備した契約書を使うことが多いと思います。その場合、業者が持ってきた契約書に言われるがままサインするのではなく、しっかりと契約書の内容を確認し、疑問があれば説明を求め、場合によっては加筆訂正してもらうようにしましょう。いったん契約書に署名捺印してしまうと、実際にはリフォーム業者との間で契約書の記載と異なる約束があったとしても、後からそれを立証することは困難を伴いま

す。リフォーム業者と確認したことが間違いなく契約書に記載されているか、しっかり確認したうえで、署名捺印をするようにしましょう。

(2) 工事内容を確認

契約書の中で一番大切なのは、工事の内容です。契約書には通常、工事名、金額、工事の場所などは書かれていても、工事の詳細までは記載されていないことが多いでしょう。「屋根工事　一式」といったようなあいまいな記載がなされることも多くあります。しかし、工事の内容があいまいだと、注文者のほうでは依頼したつもりの工事が、リフォーム業者から、「それは依頼された工事に含まれていない」と言われるなど、トラブルになりかねません。契約の際には、まず、工事の内容をしっかり確認するようにしましょう。

工事の規模や内容によっては契約書に書ききれないケースもあります。そのような場合には、図面、仕様書、見積書、工程表等、契約書以外の書面をもって、できるだけ詳細に工事内容を特定、明示してもらうようにしましょう。

(3) 工事に使用する部材等や価格を確認

工事に使用する設備機器の品番、部材の種類などの記載も重要です。指定した商品に間違いがないかはもちろん、提示された工事価格の妥当性を確認する際にも役に立ちますので、しっかりと行うようにしましょう。

工事の価格に関しては、金額明細の確認、特定を求めましょう。「一式〇円」というような記載では、どの工事にいくらかかっているのかがわかりません。詳しい見積書を求めるなどして、その内訳詳細を確認するようにしてください。

詳しい説明や書面を求められても、面倒がって渋ったり、いろいろと言い訳をして対応しないリフォーム業者がいます。そのような業者との契約は控えたほうがよいかもしれません。

(4) 瑕疵担保責任条項を確認

その他、工事終了後にわかった欠陥についての対応に関する規定（瑕疵担保責任条項）については、その保証期間と範囲を確認しておきましょう。リ

フォーム業者が独自の保証制度を設けている場合があります。その場合は、保証の内容をしっかり確認しておきましょう。なお、「リフォームかし保険」については、Q8を参照してください。

　契約書の中には、瑕疵担保責任を免除する特約が設けられている場合があります。このような特約は原則有効ですが、リフォーム業者が知りながら告知しなかった瑕疵については、責任は免れません。また、消費者契約法10条により特約が無効になる場合もあります。詳しくは弁護士にご相談ください。

Q24 解約したい場合

Q 突然訪問してきたリフォーム業者とリフォーム工事の契約を締結したのですが、不安になったので契約を白紙に戻すことはできますか。

 クーリング・オフ制度を使って、理由なく一方的に契約を解除できる場合があります。そのほかにも、消費者契約法、民法を根拠に契約を取り消したり、解除できる場合があります。

解 説

1 クーリング・オフ制度

設問のように、リフォーム業者が突然訪問して「無料で点検します」、「近くを工事しているのであいさつに来ました」などと言い、そのままリフォーム契約を締結することはよくあります。契約したときは何となく納得したような気がしたけれど、後からよく考えると必要なかったな、ちょっと高いんじゃないか、といった理由で契約を解消したいと考えることがあるでしょう。そのようなときに利用できるのが、クーリング・オフの制度です。

契約は、いったん締結するとその内容に拘束され、一方的に解消することができないのが原則です。しかし、消費者と業者との間には情報・交渉力の格差があり、そのため、消費者が業者と同等の知識をもって納得して契約したとはいいがたいケースがあります。その場合に、上記の原則を貫くと、消費者が必要のない契約に拘束され、不当な負担を強いられることが考えられます。そこで設けられたのがクーリング・オフ制度です。クーリング・オフとは、頭を冷やして考え直す期間を消費者に与え、法律が定める一定の期間

内であれば、消費者は契約を理由なく一方的に解除できるとする制度です。ただし、訪問勧誘によるリフォームの場合、その権利行使は、法定の書面を受け取ってから8日間という期間制限がありますので、ご注意ください。クーリング・オフの具体的な行使方法等については、Q25〜Q27をご参照ください。

2　消費者契約法や民法を根拠とする契約の取消し

(1)　不実告知を理由とする契約の取消し

リフォーム業者が、台所や洗面所等の水まわりを点検し、何も不具合な箇所がないにもかかわらず、「今のままだと、水漏れを起こし、下の階の人から訴えられますよ」などと事実と異なることを告げたために、消費者がこれを事実と誤認してリフォーム工事の契約をしてしまったような場合には、不実告知（事実と異なることを告げたこと）を理由として契約の取消し（消費者契約法4条1項1号）を主張できる場合があります。

(2)　不退去を理由とする契約の取消し

見積りだけというので、そのつもりで話を聞き、契約は断ろうと思っていたところ、リフォーム業者がなかなか帰らず長時間居座られたために、根負けして契約したような場合には、不退去（退去を求めたにもかかわらず退去しないこと）を理由として契約の取消し（消費者契約法4条3項1号）を主張できる場合があります。

(3)　詐欺による契約の取消し、錯誤による契約の取消し（改正前民法が適用される場合は無効）、公序良俗違反による契約の無効

リフォーム業者が、床下除湿機能がないにもかかわらず、あたかもそのような機能があるかのように説明し、それを信じて床下換気設備の設置工事を契約してしまったような場合には、詐欺を理由として契約の取消し（民法96条1項）や、あるいは錯誤を理由とする契約の取消し（同法95条1項。改正前民法が適用される場合は無効（改正前民法95条））を主張できる場合があります。

　また、工事価格が異常に高額であるような場合には、公序良俗違反による無効（民法90条）を主張できる場合もあります。

3　まとめ

　いずれの場合も、契約締結に至る経緯を整理し、当該事案において法的に妥当な主張を検討する必要があります。「この契約、おかしいな」と思ったら、まずは、お近くの弁護士、弁護士会にご相談されることをお勧めします。

Q25 クーリング・オフの手続

 クーリング・オフをするにはどうすればよいでしょうか。

 契約申込みを撤回、もしくは契約解除する旨、リフォーム業者に通知してください。通知は書面で行い、できれば内容証明郵便で郵送することをお勧めします。

=== 解 説 ===

1 クーリング・オフ制度とは

クーリング・オフは、頭を冷やして考え直す期間を消費者に与え、法律が定める一定の期間内であれば、消費者が契約を理由なく一方的に解除できる制度です。詳しくはQ24をご参照ください。

2 どのような場合にクーリング・オフができるのか

リフォーム契約は、いわゆる訪問販売で契約させられることが多いです。

訪問販売については、特定商取引に関する法律（特商法）によって規制され、クーリング・オフ制度がおかれています。

契約のきっかけが訪問販売であればクーリング・オフができると考えられます。臨時の展示会場で勧誘を受けた場合であっても、展示期間が1日だけのような場合であれば、クーリング・オフできる場合があります。

逆に、消費者が最初からリフォーム工事を注文する目的で自らリフォーム業者に連絡し、自宅に呼んで契約をしたような場合には、クーリング・オフはできませんが（特商法26条6項1号）、たとえば、消費者が台所の水漏れの

修理を要請し、その修理のために販売業者等が来訪した際に、台所のリフォームを勧誘された場合についてはクーリング・オフはできるとされています。

3　どのようにして行使すればよいのか

　直接口頭で通知した場合にもクーリング・オフを認めた裁判例がありますが、後日の争いを避けるためにも書面で契約申込みの撤回または契約の解除の通知をするようにしましょう（特商法9条1項）。書面については、ハガキ、ファクシミリ、直接の書面交付のいずれでもかまいません。しかし、いつ、どのような内容の通知をしたかを明らかに残しておくには、内容証明郵便での通知が万全です。ただし、内容証明郵便は1行あたりの字数制限など記入方法にルールがあります。書面の作成が難しくて悩むようであれば、ハガキで速やかに通知してしまうのも1つの方法です。

　なお、リフォーム代金をクレジット契約で支払っている場合には、リフォーム業者だけではなく、クレジット会社にもクーリング・オフ通知を送付しておきましょう。

4　いつまでに行使すればよいのか

　クーリング・オフは、訪問販売の場合であれば、法定の書面交付を受領した日から起算して8日が経過するまでの間に行使する必要があります（特商法9条1項）。

　法定書面とは、特商法が定めた事項を記載した申込書面または契約書面をいいます。法律上は申込書面と契約書面とが分けて規定されていますが、法律上必要な記載事項は同一です（同法4条、5条）。実際のリフォーム契約では、契約申込み時に、契約申込書と契約書を兼ねた書面を渡されることが多いと思います。

　交付された申込書面または契約書面が法定の記載事項を満たしていない場合（書面不備の場合）には、書面の交付があったと評価されない場合があり

ます。この場合、クーリング・オフ期間の起算点とならず、結果としてクーリング・オフ期間が延長されることがあります。詳しくはQ26をご参照ください。

5　クーリング・オフするとどうなるのか

リフォーム契約は、クーリング・オフ書面を発したときをもって、その申込みは撤回され、契約は解除されます。

したがって、未払いの工事代金があったとしても支払う必要はありませんし、すでに工事代金を支払っている場合であれば、その返還を求めることができます。

リフォーム業者は、クーリング・オフした消費者に対して、損害賠償または違約金の支払いを請求できません。むしろ、業者は、消費者からの請求があれば、建物の現状が変更された部分について原状回復措置を無償で講じなくてはいけません。

Q26　クーリング・オフの行使期間

クーリング・オフは、いつまでできますか。契約日から8日以上経ってしまうと、あきらめるしかないのでしょうか。

クーリング・オフには行使期間の定めがありますが、行使期間の日数が過ぎていても、申込書面または契約書面の交付がない場合（書面不交付）、あるいは申込書面または契約書面の記載事項の一部が欠落している場合（書面不備）には、クーリング・オフできる場合があります。

解　説

1　クーリング・オフの行使期間

クーリング・オフは、訪問販売の場合であれば、法定の書面を受領した日を初日として、そこから8日が経過するまでの間に、書面により契約申込みの撤回または契約の解除を通知しなければなりません（特商法9条1項）。たとえば、6月1日に書面の交付を受けたのであれば、1日から数えて、6月8日が終わるまでとなります。

2　起算点はいつか

(1)　法定書面

法定書面とは、特商法が定めた事項を記載した申込書面または契約書面をいいます。法律上は申込書面と契約書面とが分けて規定されていますが、法律上必要な記載事項は同一です（特商法4条、5条）。実際のリフォーム契約では、契約申込み時に、契約申込書と契約書を兼ねた書面を渡されることが

多いと思います。

(2) 書面不交付

書面不交付の場合、クーリング・オフの期間は進行しません。法が明確に「法定の書面を受領してから8日間」と定めていることからすると、当然のことでしょう。経済産業省の通達も同様の理解を示しています。

(3) 書面不備

これに対して、書面不備の場合はどうでしょうか。

経済産業省の通達(平成29年11月1日付け消費者庁次長、経済産業省大臣官房商務・サービス審議官発、各経済産業局長及び内閣府沖縄総合事務局長あて「特定商取引に関する法律等の施行について」)は、クーリング・オフ告知を欠く場合には書面不交付と同様に、期間は進行しないとの理解を示しています。

その他の記載については、リフォーム契約でいうと、工事の内容に関する事項、工事の価格に関する事項、工期、リフォーム業者の氏名または名称・住所は、契約締結に際し重要な事項ですので、これらのうち一部でも欠落していれば、クーリング・オフ期間の起算点となる書面交付はないというべきです。

これら以外の事項についても、記載不備書面は書面不交付と同様に罰則対象とされていることに照らせば、書面不備の判定は厳格になされるべきですから、一部でも欠落すれば、原則としてクーリング・オフ期間の起算点とならないと考えるべきでしょう。

(4) まとめ

このように、書面不交付、書面不備の場合には、法定の書面交付があったとはいえませんので、クーリング・オフ期間は進行しません。もっとも、不備ある書面の交付を受けてからすでに長期間が経過しているようなケースでのクーリング・オフの行使は、場合によっては権利濫用とされることがありますので、この点は注意を要します。

Q27 クーリング・オフの回避

> **Q** 行使期間内にクーリング・オフをしようとしたら、リフォーム業者から「すでに材料を発注したので、今さら解約はできない」と言われました。何とか契約を解消できないでしょうか。

 リフォーム業者の行為は、不実を告げてクーリング・オフを拒否するもので、クーリング・オフ回避行為にあたります。訪問勧誘の場合であれば、業者が、クーリング・オフできる旨を記載して交付した書面を受領した日から起算して8日間を経過するまでは、クーリング・オフができます。

解 説

1 クーリング・オフ回避行為

　悪質な業者は、クーリング・オフを回避するためにさまざまな手口を用います。設問の場合、リフォーム業者がすでに材料を発注しているか否かにかかわらず、クーリング・オフはできますので、リフォーム業者の説明は不実告知にあたります。クーリング・オフを回避するための手口は、このような不実の告知によってクーリング・オフを拒否するケースや、威迫または困惑させて断念させるケース、クーリング・オフを制限する内容の特約を設けているケース、クーリング・オフの告知を隠蔽するケースなどさまざまです。

2 特商法上の規制

(1) 不実告知、威迫または困惑による場合

特商法9条1項ただし書は、不実の告知や、威迫または困惑によるクーリ

ング・オフ回避について、あらためてクーリング・オフできる旨を記載した書面を消費者に交付し、かつ、口頭で説明しなければならず、消費者がこの書面を受領した日から起算して8日間を経過するまでは、クーリング・オフができると定めています。

(2)　不実告知、威迫または困惑以外のクーリング・オフ回避行為の場合

では、不実の告知、威迫または困惑以外のクーリング・オフ回避行為があった場合はどうでしょうか。

確かに、特商法9条1項ただし書は、不実の告知、威迫または困惑による回避のみを対象としていることからしますと、これら以外のクーリング・オフ回避があったとしても、8日が経過した時点でクーリング・オフができなくなるようにも思われます。

しかし、特商法の前身である訪問販売法の立法後も早い時期から、クーリング・オフ回避行為があった場合には、クーリング・オフ期間は停止し、業者が消費者の誤解や戸惑いを解消しない限り、クーリング・オフの起算日は存在せず、消費者のクーリング・オフ権は存続するとして取り扱われていました。このような取扱いが認められてきたのは、消費者のクーリング・オフを妨害しておきながら、その結果生じたクーリング・オフ期間の徒過という事情を業者自ら主張することは信義則に反し許されない、という点にあります。

このような従来の取扱いに照らせば、不実告知、威迫または困惑以外の回避行為があった場合については、従来の取扱いどおり、クーリング・オフ期間は停止し、業者が消費者の誤解や戸惑いを解消しない限り、クーリング・オフの起算日は存在せず、消費者のクーリング・オフ権は存続すると解すべきでしょう。

Q28 工事中に欠陥の疑いが生じたとき

Q 工事途中に撮影した写真を専門家に見てもらったところ、「欠陥があるのではないか」という指摘をされました。どのように対処すればよいでしょうか。

A まずは、多数の写真を頻繁に撮影するなどして、証拠となるべきものを確保すべきです。そのうえで、信頼できる専門家に調査を依頼し、リフォーム業者に対しては、あいまいなまま工事を進行させず、必要であれば工事を中止させることが重要です。そして工事の中止を求めても、リフォーム業者の側で聞き入れず、強引に工事を進行させようとする場合には、裁判所の手続によって工事を中止させることも検討すべきです。

=== 解 説 ===

1 建築工事に関する欠陥と証拠の保全

リフォームなど建築に関する工事について、「安全性が確保されていない」とか、「施工業者との間で約束した内容が果たされていない」という場合には、工事に欠陥（契約不適合）があることになります。

ただ、建築工事の場合には、工事が進むにつれて、欠陥部分が壁などに覆われてしまい、破壊しなければ欠陥の内容を直接把握できなくなる場合も多く、その場合には、問題のない部分や部材まで破壊せざるを得なくなり、さらなる修繕を要することになる可能性もあります。

そこで、リフォーム工事の途中で工事の欠陥が疑われるような場合には、すぐに写真撮影をするなどして、証拠となるものを確保する必要があります。

また、問題と思われる部分に限らず、周辺の部分や、関連する部分についても、さまざまな角度から写真を撮っておくと、後日、思わぬところで役立つことがあります。

2 信頼できる専門家への相談

建築工事に関する事項は、内容が専門的で、高度な知識や豊富な経験がなければ、簡単に判断できないものが大半です。また、リフォームを行った施工業者に対する損害賠償や、契約の解除といった法律に関する事項についても、やはり高度な知識・豊富な経験が必要です。

そのため工事の欠陥が疑われる場合には、少しでも早く建築士や弁護士といった専門家に相談する必要があります。不十分・不正確な知識によって問題を放置していた場合には、問題の解決が先送りされ、後日、より大きな問題となって降りかかってくるおそれがあります。具体的な相談窓口としては、「住まいるダイヤル」や各地の弁護士会などがあります。

3 裁判所の手続による工事の中止など

リフォーム工事の欠陥が疑われるのに、その点をあいまいなままにして工事を進めてしまうと、前述のとおり欠陥の内容が外部からわかりにくくなり、欠陥の調査や補修に余分な費用・負担が生じるおそれがあります。そのため、欠陥が疑われる場合には、必要に応じて工事を中止させ、問題点を明らかにする必要があります。

工事を中止するように求めているのに、リフォーム業者が強引に工事を進めようとした場合はどうすべきでしょうか。まず、建物の一部のリフォームのように、住まいを続けながら工事を行っている場合、リフォーム業者を家に入らせないようにすることが重要です。他方、リフォーム業者に鍵を預けるなどして、リフォーム業者が建物に自由に出入りできるような場合には、リフォーム業者から鍵を取り戻すなどして、現場に立ち入らせないようにす

る必要があります。

　それでも強引に工事の続行を求めてくる場合には、裁判所に仮処分命令（建築工事続行禁止の仮処分命令）を申し立てることも検討すべきです。これは損害賠償などを命じる正式な裁判（判決）がなされる前に、裁判所から工事の中止を命じてもらう手続です。ただし、この手続は、正式な裁判に先立つ仮の命令を求めるものですから、担保として相当額の保証金を供託することが求められますので、その点に留意することが必要です。

Q29 リフォーム業者による基礎の損傷行為

 古い風呂をユニットバスに変更する工事を依頼しましたが、ユニットバスのサイズが少し大きくてうまく収まらなかったため、リフォーム業者はコンクリート基礎を削り始めました。このまま工事を続行させてよいのでしょうか。

A 基礎は、建物の構造上重要な部分で、むやみに削ってはいけない部分です。直ちに工事をストップさせてください。

解 説

1 ユニットバスへの取替えは可能か

古い建物の風呂場をきれいなユニットバスに取り替える工事は、よく行われるリフォームです。ただ、ユニットバスは規格品なので、すべての既存住宅にうまく収まるとは限りません。ユニットバスに取り替える工事は、事前の設計段階で希望の製品が収まるかどうかをきちんと確認しておくことが大切です。

2 トラブル発生の原因

ユニットバスが現場に運び込まれた段階で寸法があわないことに気がつくというのは、明らかに事前の設計段階のミスです。既存住宅の基礎の大きさや設置スペースについて採寸を誤ったということも考えられます。ユニットバスはあらかじめ発注を受けてから製造し、指定された納期に現場に運び込まれるので、現場に運び込まれた段階で寸法が違うからという理由で返品するというわけにはいきません。そこで、現場で間違いが判明した際、現場の

勝手な判断で、建物の構造体に手を加え、商品の寸法にあわせて無理矢理押し込めるという荒っぽい施工が行われたものと思われます。

3 基礎の重要性

基礎は、建物の荷重を支え、地震などの外力にも抵抗する部分で、建物の安全性にとって重要な構造部分です。基礎の基本的な仕様は法令で定められており、通常は、鉄筋コンクリートで全体が一体のものとして作られているため、施工後にきちんとした構造的な検討もなしにその一部を壊すことは基本的に許されません。

4 工事続行の可否

不幸にしてこのような間違いが生じた場合、直ちに工事を中止し、構造専門の建築士等に相談のうえ、その判断によって適切な対応をとらなければなりません。構造安全性を確保できないという結論となった場合は、リフォーム業者の責任で原状に回復してもらったうえで、設置するユニットバスを再検討すべきです。

Q30 資材搬入作業による損傷

> **Q** リフォーム業者が自宅に資材を搬入する際、誤って玄関に傷を
> つけてしまいましたが、業者は元々ついていた傷だと言い張っ
> て対応しません。どうすればよいでしょうか。

 リフォーム業者がつけた傷であることの立証ができた場合には、
損害賠償請求等をすることができます。

解説

1 工事にあたって要求される付随義務

リフォーム業者は、請負契約に基づく付随的な義務として、契約の相手方
である注文者に損害を与えることがないよう配慮する義務を負っています。

このような義務の中には、注文者の生命・身体に損害を与えることがない
よう配慮するだけでなく、注文者の財産である建物や家財を毀損しないよう
に配慮をする注意義務も含まれるものと考えられます。

設問の場合は、玄関に傷をつけたことはリフォーム業者が負っている注意
義務の違反ですから、注文者は、損害の賠償等を請求していくことになりま
す。

2 傷を誰がつけたかの立証

注文者が上記の請求をする場合、注文者は、リフォーム業者が傷をつけた
ということを立証すれば足ります。他方で、リフォーム業者は、法律上要求
される注意義務を尽くしていたことを立証できない限り、損害賠償責任を負
うことになります。

　新築の建物であれば、元々傷などないはずですから、引渡し時のチェック等で、傷の有無を確認し、傷があれば、リフォーム業者がつけた傷であると立証することは容易で、この点をめぐって深刻な争いになることはないかもしれません。

　しかし、すでに、築後相当年数が経過している建物の場合には、さまざまな箇所に傷があることがむしろ通常でしょうから、設問のように、いつ誰がつけた傷かが問題となり、その証明が困難となることも十分にあり得ます。

　そこで、そのような証明の困難性を回避するために、工事着手前の自宅の現状を写真に撮ったり、資材搬入経路の建物の状態をいっしょに確認しておくなどしておくとよいでしょう。なお、事前に建物の現在の状態を調査のうえ記録化してくれる専門業者もあります。

3　請負業者の下請業者が傷をつけた場合

　自宅に傷をつけたのが、注文者と直接契約関係にあるリフォーム業者ではなく、その下請業者であった場合はどうでしょうか。

　下請業者は、リフォーム業者が注文者との間で締結した請負契約上の義務を補助する「履行補助者」という立場にあります。そして、この場合、履行補助者の不注意については、契約当事者自身の不注意とみなされることになります。

　したがって、下請業者が傷をつけた場合であっても、リフォーム業者に対し直接、債務不履行に基づく損害賠償請求をすることができます。

4　傷に気がついたときの対処方法

　今まで傷がなかった箇所に、リフォーム業者がつけたものと思われる傷を発見した場合、すぐにリフォーム業者に確認させましょう。また、速やかに写真に撮ったり、確認した際の内容を文書化しておいてもよいでしょう。工事後に別の者がつけた傷ではないのかという反論を防ぐためです。

5　不法行為責任

　以上の請負契約に基づく契約責任とは別に、自宅に傷をつけた点について請負業者に故意または過失があれば、請負業者に対し不法行為（民法709条）に基づく損害賠償請求をすることもできます。

　また、その傷を下請業者がつけた場合には、下請業者自身に対し、不法行為に基づく損害賠償請求をすることもできますし、リフォーム業者に対しても、下請業者がその現場においてリフォーム業者の指揮監督下にあったような場合には、使用者責任（民法715条）として不法行為に基づく損害賠償請求をすることができることもあります。

Q31 居住しながらの工事のはずが到底住めない場合

> **Q** 居住しながらリフォーム可能と言われたので工事を依頼したのですが、工事が始まると騒音やホコリなどでとても住んでいられない状況になりました。仮住まい費用等をリフォーム業者に請求することはできますか。

 「転居をせずに、通常どおりに生活できる状態のままリフォーム工事をする」ということが、契約の内容になっている場合には、リフォーム業者が契約を守らなかったことを理由に（債務不履行）、仮住まい費用等を請求できると考えられます。

解　説

1　リフォーム業者の債務不履行

　「住まいを継続しながらリフォーム可能」という約束があったのであれば、注文者は、「仮住まいによる転居費用や煩わしさが省ける」と考えて、リフォーム工事の注文をしたはずです。そうすると、リフォーム業者は単に求められた工事をすればよいというのではなく、注文者が、通常の生活を続けられるような措置（防音・防じん・養生などの措置）をとるべき契約上の義務があることになります。

　このような契約上の義務に違反した場合（債務不履行）、リフォーム業者は注文者に対して、損害を賠償する責任があります。

　もっとも、こうした義務違反があったかどうかについては、一般・通常の人を念頭において、「通常どおり日常生活を送れるか」という判断をしていく必要があります。リフォーム工事の対象となる部位や内容にもよりますが、

工事において音や振動が全く生じないようにするというのは、非常に困難と思われます。そのため、「少しでも音やホコリが生じれば、義務違反になる」とはいいがたいところです。その反面、一般・通常の人が日常生活を送るのに苦痛を感じるようなレベルに達していれば、リフォーム業者としても、「リフォーム工事をすれば音やホコリが出るのは当たり前だ」などという対応はできないと考えるべきでしょう。

なお、リフォーム工事に限らず、契約を締結した当事者は、本来的な義務（たとえば、屋根の修理工事をする義務）だけではなく、この義務を果たすことに伴う付随的な義務（たとえば、屋根の修理工事に際して、家屋や家財を壊さないようにする義務）を負うと考えられています。こうした付随義務の考え方からも、「工事に際して、耐えがたいような騒音やホコリを出さないようにする義務がある」という結論を導くことができます。

2 損害賠償の額や請求の方法

リフォーム業者に請求できる損害としては、本来不要であった仮住まい・転居のための費用が考えられます。すなわち、①転居のための引っ越し費用（往復の引っ越し費用）や、②仮の住まいを賃借する際に支払った仲介手数料・賃料、控除されて返還されなかった敷金などがこれに含まれます。

また、ホコリのために健康に被害が生じたという場合には、治療にかかった費用や、通院日数・期間に応じた慰謝料（精神的な損害に対する賠償金）などを請求することも考えられます。

以上のような請求・損害賠償をする場合には、単純にリフォーム業者に対して支払いを求める方法だけではなく、支払うべき請負代金から控除する（相殺する）という方法もあります。

3 契約書の特約条項とする必要性

このように「住まいを継続しながらリフォーム可能」という約束が守られ

なかった場合には、リフォーム業者に損害賠償を請求することによって、リフォーム業者の責任を追及することが可能です。しかし、そもそも「住まいを継続しながらリフォーム可能」という約束があったかどうかが争われ、水掛け論に終わるおそれもあります。

　そのため、「住まいを継続しながらリフォーム可能」というような約束があった場合には、口約束に終わらせず、契約書の特約条項として明記するなど、後日争いが生じないようにする必要があります。

Q32　工事途中での予想外の追加工事代金の請求

Q 中古住宅を購入し、入居前に耐震補強と内装工事のリフォームを700万円で依頼しました。内装を撤去したところ、柱や土台が広範囲に腐食していましたが、リフォーム業者はその一部にだけ耐震補強金物を付けて終わらせようとしています。業者は全部補強すると追加工事代金がかかると言っています。予算は700万円しかないのですが、あきらめざるを得ないのでしょうか。

 耐震補強をあきらめて内装工事だけ行うのは大変危険であり、工事は中止すべきです。安易に耐震補強を請け負った業者にも責任があり、また中古住宅の売主の責任（契約不適合責任）も問題となります。責任問題も含め、リフォーム計画を根本的に見直す必要があります。

===== 解　説 =====

1　耐震補強リフォームの難しさ

　既存住宅の耐震補強は、補強計画を立てるにしても、また施工段階の技術面においても、かなり高度な専門知識を必要とするものであって、構造のこともよく知っている有能な建築士が計画を立て、建築士によるしっかりした工事監理のもとで工事を行うことが基本です。

　また、工事費用の見積りについても、設問のように、内部の腐食は内装や外装を撤去しないとその有無や程度が判明しないということもあり、事前の調査が必要だったり、あるいは施工しながら補強計画を立てていかざるを得ない場合もあります。

　そのため、そのようなことも想定したうえで、注文者、設計者、施工者の

間で費用面も含め、しっかりしたコンセンサスを得たうえで工事を進めることが必要となってきます。耐震補強を含めたリフォームは、むしろ新築工事よりも難しい場合が多いのです。

2 施工者の責任とリフォーム計画の見直し

このような綿密な計画も立てずに、一括で700万円という大雑把な金額でリフォーム工事契約を締結しても、おざなりな工事がなされたり必要な工事が省かれたりするのは、十分予想されるところです。施工業者の中には、しっかりした構造の知識もなく、安易な耐震補強を請け負う業者もいるので注意が必要です。一般消費者は、専門業者が耐震補強工事を請け負えば当然しっかりした耐震補強をしてくれるものと信用してしまうことが多く、これが簡単にできるような誤解を与えて契約をとる施工者には大きな責任があるといえます。

このような業者に継続して工事を行わせても、期待どおりの結果を得ることは難しいので、契約を解除し、支払った工事代金の返還を受ける方向で交渉や法的手続を考えるべきでしょう。これらは、専門的な知見や判断が不可欠なので、弁護士に相談してください。

3 売主の責任

中古住宅とはいえ、構造安全性に欠ける建物を売った売主の法的責任も問題となります。居住用の建物である以上、安全に使用できることは建物としての最低限の性能であって、安全に暮らせないような建物を売った売主には、民法上、契約不適合責任が認められ、買主は補修や代金減額の請求、損害賠償の請求や契約の解除ができる場合もあります（民法562条～564条、415条、541条、542条）。柱や土台が腐食していたという状態は、その中古住宅の売買契約の内容に適合しないものと考えてよいでしょう。これを補修するために予想外の補修工事が必要となった場合は、その補修費用相当の金額について

損害賠償請求することができます。

　ただ、注意を要するのは、契約不適合責任は、法律で契約不適合を知った時から１年以内に売主に契約不適合であることを通知しなければならないと定められており、その後の具体的な責任を追及できる期間も定められています。また契約でその法定の期間を短縮したり、さらに契約不適合責任をいっさい負わない特約をすることもできることになっています。このような権利行使の制限事項にあてはまる場合は責任追及できません。ただし、売主が宅地建物取引業者の場合は、契約不適合責任を負わないとの特約はできず、また、買主が契約不適合責任を追及するために必要な売主に対する契約不適合であることの通知について、民法が定めている「契約不適合を知った時から１年」よりも短くすることは認められていますが、引渡しの時から２年より短くする特約は禁止されています（宅建業法40条）。

　この契約不適合責任追及の可否についても、専門的な知見と判断が不可欠なので、弁護士に相談することをお勧めします。

Q33 リフォーム工事開始後の追加工事の要否

Q 工事が始まり、部分的に解体に入ったところ、リフォーム業者から、ここも、あそこも直したほうがよいと言われたのですが、どうすればよいでしょうか。

 本当に工事の必要性があるのか、その有無と程度を慎重に検討し、場合によっては建築士に相談することが大切です。

解　説

1　悪質な次々リフォーム被害に遭わないために

　不安を煽り、必要もない工事を次から次へと契約させていく、という悪質なリフォーム業者による次々リフォームの被害が後を絶ちません。

　したがって、設問の事例のような場合、このような悪質なリフォーム業者による被害に遭わないように慎重な判断・対応が必要となります。

　そもそも、リフォーム業者から追加工事が必要であるとの説明があったとしても、追加工事の契約締結を強制されることはありません。追加工事の契約を締結するかどうかは、当事者の自由な意思に委ねられていますので、不必要な工事であれば、断固として拒否しましょう。

2　追加工事の必要性の見極め

　もっとも、リフォーム工事は、既存建物を前提とするため、建物の隅々まで把握したうえで工事内容を検討・決定できず、工事途中に建物の問題点が発見される場合も少なくありません。

　そのため、設問のように、工事開始後に追加工事を勧められることもあり

ます。建物の安全性を確保するうえで本当に必要な追加工事であることについて、リフォーム業者から十分な説明を受けたうえで勧められたにもかかわらず、注文者において追加工事の施工を断った場合、建物の安全性欠如に起因する損害は、注文者の自己責任ということになってしまいます。

　このような場合、最も重要なことは、勧められた追加工事の必要性の有無・程度を把握することです。殊に、建物の安全性にかかわる追加工事の必要性が問題となっている場合には、慎重に検討する必要があります。

　まず、リフォーム工事の契約締結時に、工事内容について建築士に依頼していた場合には、その建築士に、リフォーム業者から勧められた追加工事部分の必要性等につき、再度相談したほうがよいでしょう。

　元々リフォーム工事の発注に際し建築士に依頼していなかった場合でも、追加工事が建物の安全性にかかわるような内容である場合には、建築士に相談することが大切です。リフォーム工事は既存建物に手を加える工事ですので、既存建物の構造安全性の評価や、改修する場合の施工方法の困難性など、新築工事以上に難しい面がありますので、安易に判断することは大変危険です。

　慎重に判断した結果、建物の安全性を確保するためには追加工事が必要となった場合には、追加工事を行うべきです。元々の予算との関係で資金的に厳しい場合もあるでしょうが、安全性の確保には代えられないので、いったん立ち止まって、予算の見直し、リフォーム工事全体の見直し（安全性にかかわらない工事を取りやめる等）を検討しましょう。

　他方、追加工事の必要性がそれほど高くないのであれば、予算との兼ね合いから、今回は追加工事を見送ってもよいでしょう。

　いずれにせよ、専門的な判断が必要となることが多いでしょうから、リフォーム業者からの説明をよく聞き、疑問点等がある場合には、信頼できる建築士などの意見を聞くことが大切です。

Q34 やり直し工事の代金請求

Q リフォーム工事を発注しましたが、工事途中で気に入らない箇所が判明したのでやり直しをさせました。リフォーム業者はやり直しに応じてくれましたが、その分の費用等を後から請求されないかが心配です。

 やり直しの合意をした際に、費用についても取決めをすることが重要です。

解 説

1 本来の契約内容へのやり直しの場合

　設問では、気に入らない箇所が判明したのでやり直しをさせたということですが、約定した契約内容どおりの工事ができていないことが判明したので、契約どおりの内容にするように工事のやり直し（ダメ工事）をしてもらったというのであれば、注文者がリフォーム業者から費用の請求等を受けることはありません。リフォーム工事等の請負契約は、契約内容どおりに仕事を完成させることを目的とする契約ですので、工事途中に契約内容どおりに施工されていないことが明らかになった場合、注文者としては、契約内容どおりの施工に直すことを要求できるからです。

2 本来の契約内容の変更である場合

　以上に対し、リフォーム業者の施工した工事内容は本来の契約内容どおりであったところ、これが気に入らなかったので、やり直し工事をさせた場合は、注文者の都合による工事内容の事後的変更と考えられます。

この場合、リフォーム業者は、本来の契約どおりに施工している以上、無償で変更工事に応じる義務はありません。

したがって、注文者からやり直しの要請があった場合、リフォーム業者としては、変更工事は本来の契約に基づく工事とは別個の追加・変更工事であって、別途工事代金が発生することを説明のうえ、代金額を提示して注文者の合意を得たうえで工事を進めることが、望まれるやり方です。

ところが、そのような説明もなく、変更工事をすること自体の合意はあるが、有償の合意および代金額の合意がなかった場合、どうなるのでしょうか。

この点については、Q35のとおり、契約当事者の合理的意思解釈の問題になりますが、軽微な変更工事等、一般的・サービス的に無償で行われてもおかしくない工事ならともかく、リフォーム業者が無償で行うことが考えられないような工事の場合には、当該工事内容を評価した相当な代金額を支払うとの黙示の合意があったと認定される場合も少なくありませんので、注意が必要です。

3 双方の認識が異なる場合

以上のとおり、本来の契約内容どおりでない工事のやり直しであるダメ工事の場合と、そうでない変更工事の場合とでは、工事代金額の負担の有無が異なることになりますが、それらの区別が困難な場合も見受けられます。つまり、注文者としては、契約内容どおりになっていないからやり直しをさせたと考えていたところ、リフォーム業者は、注文者の気まぐれの希望で変更したのであるから当然別代金と考えていたなど双方の認識自体が異なる場合もあるからです。

4 トラブルを避けるためには

上記のようなトラブルを避けるためには、注文者とリフォーム業者との間で、工事の部分的なやり直しについて合意をした際に、その分の費用をどう

するのか、きちんと合意をしておくことが何よりも重要です。そして、後日、その合意の有無が問題にならないように、合意内容を書面化することも重要です。この点、建設業法では、工事の内容や請負代金額を変更する場合には、その内容を書面に記載し、署名（記名）・押印して相互に交付しなければならない旨規定しています（同法19条2項・1項各号）。

Q35 無償と思っていた追加工事代金を請求された場合

 無償だと思っていた追加工事やアップグレードについて、後日差額を請求されました。このような差額を支払う必要があるのでしょうか。

 追加・アップグレードについて追加のお金を支払うという約束がない場合には、無償で工事をしてもらう約束であったことを伝え、差額の支払いをせずに決着させるべきでしょう。

───── 解 説 ─────

1 追加・変更工事が有償であるか

新築の工事であるか、リフォームの工事であるかを問わず、建物の工事については、途中で内容が追加・変更されることも珍しくありません。

このような場合には本来、追加・変更がなされる前に、①追加の費用が発生するかという点や、②追加となる代金・費用の具体的な金額を決めておく必要があります。たとえば、「軽微な変更なので、元の工事に含まれるものとして扱い、追加の請負代金は発生しない」とか、「追加工事によって〇万円の増額になるので、これを当初の請負代金額に加算する」といった合意をすることが考えられます。

そして建設業法でも、工事の内容や請負代金額を変更する場合には、その内容を書面に記載し、署名（記名）・押印して相互に交付しなければならないという規定があります（同法19条2項・1項各号）。

そうすると、「追加の代金・費用がかかる」という明確な合意がない場合には、仮に追加工事やアップグレードに該当するものがあったとしても、「顧

客サービスの一環として、無償で行うという合意があった」と解釈すべきでしょう。

2　契約当事者の意思の合理的解釈

　一般に、工事を依頼する立場からすれば、「後から言われたとおりの金額を払うので、いくらかかってもかまわないから、取りあえず追加工事をしてほしい」という人は、少ないと思われます。またリフォーム業者にしても、「追加のお金をもらわなければ、追加の工事は一切できない」と考えているのであれば、追加工事を行う前に、追加・変更工事の見積りを注文者に提示するなどして、「その金額であれば、追加・変更工事を頼む」という返事をもらってから、工事に着手するのが合理的な行動といえます。このように「一般・通常の注文者・リフォーム業者を念頭においた場合、どのような内容の合意があったとみるのが相当か」という考えに立っても、有償であることが明確に合意されていない場合には、無償で行う約束だったと解釈するのが自然です（契約当事者の通常の意思）。

　もっとも、追加・変更の内容が重大なものであり、多額の費用がかかるという事情があり、「無償で行う約束があったとみるのは、明らかに不自然だ」という場合には、明確な約束がなくても、「追加の費用・代金を支払う合意があったとみるべきだ」という判断がなされる可能性があります。

　しかしこの場合でも、「リフォーム業者から要求された金額をそのまま支払う必要がある」というわけではありません。①有償で行う工事であったか（あるいは無償で行うサービス工事であったか）という問題と、②有償であるとして、追加して支払うべき金額はいくらかという問題は、全く別だからです。そして追加して支払うべき金額は、工事の内容や、規模・程度などを考慮し、合理的な方法で積算することになります。

3 追加・変更工事を書面化することの重要性

　以上のとおり、追加・変更工事をする場合に、有償か無償か、有償であるとして追加代金はいくらかについて、明確に定めていない場合には、大きなトラブルに発展するおそれがあります。

　このようなトラブルを未然に防ぐためには、追加・変更工事をする必要が生じた段階で、こうした点について明確に話を詰めておき、内容を文書にまとめて、お互いにサインをしておくことが重要です。

Q36 工事が遅延した場合①──契約解除の検討

 リフォーム工事が約定の工期よりも大幅に遅れています。リフォーム業者との契約を解除して別の業者に注文したほうがよいのでしょうか。その場合、どのようなことに注意して解除すればよいのでしょうか。

まずは、リフォーム業者に引き続き完成まで工事をさせるかを慎重に検討しましょう。契約を解除する場合、解除の根拠は、注文者による解除（民法641条）とリフォーム業者の債務不履行を理由とする解除（民法541条、542条）がありますが、安易に注文者解除をすることなく、債務不履行解除の可否を検討するべきです。

解 説

1 工事の完成を求めるかどうか

リフォーム業者の工事が約定の工期よりも大幅に遅れている場合、そのリフォーム業者に引き続き完成まで工事をさせるか、それとも、そのリフォーム業者との契約を解除したうえで別の業者に替えて工事を完成してもらうかを検討する必要があります。

2 注文者解除と債務不履行解除

リフォーム業者と注文者との間での話合いに基づく合意解除のほか、民法上、請負契約の解除には、注文者解除と債務不履行解除の2つがあります。
　注文者解除は、工事が完了するまでの間であれば、工事を依頼した注文者が、注文者の都合でいつでも契約を解除できるというものです（民法641条：

注文者による任意解除）。これに対して、債務不履行解除は、リフォーム業者が約定した仕事を行わない場合に限ってできる注文者からの一方的な解除です。

注文者解除は、注文者の都合による解除ですので、解除によってリフォーム業者（請負人）に生じた損害（工事を最後まで完了させた場合に得られた利益相当額など）を賠償しなければなりません（民法641条）。この点は、建設工事の請負契約書に添付される一般的な約款である「民間（七会）連合協定工事請負契約約款」でも、同様の規定がおかれています（31条(1)）。

そこで、解除を検討する場合には、まず、債務不履行解除の可否を検討するべきであり、単に、工事が少し遅れているからとか、リフォーム業者の対応が気に入らないからなどの理由で安易に契約を解除することは、逆にリフォーム業者から損害賠償を請求されかねないので、慎重に検討する必要があります。

したがって、検討の順序としては、まずは、当初のリフォーム業者に対する債務不履行解除の可否を検討しましょう。

3　債務不履行解除の可否の検討

債務不履行解除の要件は、2017年の民法改正により、民法上、整理されました。まず、業者が工事を行わない場合に、業者に対し相当の期間を定めて工事を行うよう催告し、その期間内に履行がない場合に解除ができます（民法541条）。ただし、工事を行わない等の不履行の程度が軽微なときには解除はできません。また、業者が工事を行わない意思を明確に示している場合等の一定の場合には、催告なしに直ちに解除できると定めています（同法542条）。なお、債務不履行で解除した場合で、損害がある場合は、業者に対し損害賠償も請求できます（同法415条2項3号）。

このような民法の定めだけでなく、どのような場合に解除ができるのか等については、契約書ないし約款により具体的な定めがなされているのが通常

です。解除を検討する際には、まず、これらの記載を確認しましょう。

　この点、前記民間（七会）連合協定工事請負契約約款は、「工事が正当な理由なく工程表より著しく遅れ、工期内または期限後相当期間内に、受注者がこの工事を完成する見込みがないと認められるとき」には、書面をもって催告のうえ、相当期間内に履行がなければ契約を解除できると規定しています（31条の2(1)b）。一方、受注者が債務の履行をせず、この催告をしても「契約をした目的を達するのに足りる履行がなされる見込みがないことが明らかであるとき」には、催告なしの解除も認めていますが（31条の3(1)j）、この両規定のどちらにあたるかは実際にはかなり難しい判断となります。

　以上のように、債務不履行解除の可否の検討は、工事内容の検討や法的評価など専門的な知見を要することが多いので、弁護士や建築士に相談したうえで慎重に判断することが大切です。

Q37 工事が遅延した場合②──債務不履行解除をした場合の事後処理

Q リフォーム工事が約定の工期よりも大幅に遅れ、そのリフォーム業者に任せていては完成が覚束ないので、業者の債務不履行を理由に契約を解除しましたが、その場合、業者に対する事後処理はどのようになるのでしょうか。

A 解除によって契約関係はなくなります。解除後は、既払工事代金と工事出来高を清算し、そのほかに損害があればリフォーム業者に請求することになります。

解 説

1 既払工事代金と出来高の清算

　解除によってリフォーム業者との契約関係はなくなりますが、すでに行った工事を壊して契約前の状態に戻せとまで請求することはできないのが原則です。民法は、業者の債務不履行で解除がなされた場合でも、すでに完成している部分が注文者の利益となる場合は、注文者がその出来高に応じた請負代金を支払うよう定めています（同法634条2号）。そこで、それまでになされた工事の出来高を査定し、既払工事代金額との差額を清算することになります。

　まず、一般的な方法としては、解除前に元のリフォーム業者が施工した仕事の成果について、金銭的な見積り・評価をして（出来高の査定）、支払済みの代金との過不足を調整することが考えられます。たとえば、「契約時に全体の50％相当の請負代金を支払っていたのに、解除をした時点では30％の出来高しかない場合には、払い過ぎの20％相当額を返してもらう」といった処

理をすることになります。

逆に「契約時に全体の30％相当の請負代金を支払っていたところ、解除を
した時点では工事が相当進んでおり、50％の出来高に達していたという場合
には、不足の20％相当額を支払う」といった処理をすることになります。

ただし、出来高の査定には建築工事の積算に関する知識や経験が必要にな
ることが多く、引き継いで工事を行う予定のリフォーム業者に査定をしても
らうなどの工夫が必要です。

2　損害金の請求

工事途中で契約を解除する場合、工事を完成させるためには、新たに別の
リフォーム業者に発注し直すことが不可欠であり、これに必要な代金と上記
の出来高評価額との合計額は、元のリフォーム業者の代金総額よりも高額に
なる場合が多いと思われます。

殊に、元のリフォーム業者が杜撰な施工をしていた場合には、やり直し工
事に余分な費用が発生することもあり、注文者が負担する工事代金総額は、
さらに高額になることも考えられます。

このような元の代金総額との差額分は、元のリフォーム業者が約定どおり
に施工しなかったために生じた費用ですから、解除に伴う損害として、元の
リフォーム業者に請求することができます。

これ以外の損害であっても、当初の契約が守られなかったことにより、発
生することが通常、合理的に予測されるような損害であれば、債務不履行に
よって生じた損害として、リフォーム業者に請求することが可能です。たと
えば、工事が長引いたことによって余分に支払った仮住まい・アパートの賃
料とか、リフォーム工事をしていた物件が営業用物件で、予定どおり完成し
ていれば得られたであろう収益などが考えられます。

3 まとめ

　以上のリフォームの工事の出来高査定や別業者に発注する場合の費用の判断は、建築、法律両面からの評価が必要ですので、弁護士や建築士に相談して慎重に検討しましょう。

Q38 工事が遅延した場合③――債務不履行解除をしない場合の事後処理

 リフォーム工事が約定の工期よりも大幅に遅れていますが、契約を解除せずそのリフォーム業者に完成まで工事をやらせることにしました。その場合、遅れたことによる損害などの賠償を請求することはできますか。

契約を解除せず、リフォーム業者を替えずに工事を完成させた場合でも、工事が遅れたことによる損害の賠償を請求することができます。

解 説

1 損害賠償請求の可否

当初のリフォーム業者に対する、工事が遅れたことによる債務不履行解除の可否を検討した結果（Q36参照）、解除原因があるとはいいにくい場合、あるいは、特殊な施工なので替わりとなる業者がいない場合など、契約を解除せずに最後まで当初のリフォーム業者に工事をさせざるを得ない場合もあります。

このような場合でも、工事が遅れたことによる損害の賠償を請求することができます。

2 損害賠償請求の内容

約定期間を守らないリフォーム業者に対して、どのような請求をすることができるのかは、契約書の内容によるのが原則ですので、まず、契約書（約款を含む）を確認しましょう。

　この点、民間（七会）連合協定工事請負契約約款は、2011年5月改正以降、原則として請負代金に対し年率10％の割合による違約金を賠償できると定めています（2020年12月現在）。ただし、同約款の定める部分引渡し（契約で、リフォーム業者が工事完成前に、工事の一部を引き渡すことが定められ、これがなされた場合など）がなされている場合には、請負代金から引渡し済み部分を控除して違約金を計算するというルールが採用されています。

　契約書がなかったり、あっても工事遅延の場合についての規定がない場合には、民法の規定に従い、リフォーム業者の側で、遅延が業者側の責任ではないと立証できない限り、損害賠償を請求することができます。この場合、リフォーム業者に請求できる損害は、「約束が守られなかったことにより、発生することが通常、合理的に予測されるような損害」であると考えられています。一般常識に従って、通常人の立場からみて、「リフォームが遅れたことによって、通常生じると考えられるか」というのが、賠償の可否を判断する一応の基準になります。このような基準に従って考えた場合、「工事が長引いたことによって余分に支払った仮住まい・アパートの賃料」とか、「リフォーム工事をしていた物件が営業用物件で、予定どおり完成していれば得られたであろう収益」が、リフォーム業者に対して請求できる損害であるといえましょう。

3　まとめ

　工事の遅延をめぐる紛争の際には、リフォーム業者から、遅延したのは注文者がいつまでも決めなかったからだとか、理由のないクレームをつけたからだとか、注文者に原因があるかのような反論がなされることも少なくありませんので、おかしいなと感じたら早めに弁護士に相談するほうがよいでしょう。

Q39 リフォーム工事途中でのリフォーム業者の破産

> **Q** リフォーム工事の着工後、未完成の時点でリフォーム業者が破産してしまいました。請負代金は、まだ一部しか支払っていません。裁判所から破産管財人が選ばれたようですが、今後、どうしたらよいでしょうか。

まずは破産管財人に対し、契約を解除するつもりであるのか、工事を続行するつもりであるのかを確認します。仮に契約が解除される場合には、破産管財人から解除してもらう形式をとったうえ、支払済みの請負代金と、完成したリフォーム工事の代金（出来高）との清算を行う必要があります。

解　説

1　破産手続開始による破産管財人の選任

リフォーム工事を施工した業者が破産した場合、裁判所が破産管財人を選び、売掛金を回収したり、財産をお金に換えたりしていきます。最終的にはこうして集めたお金を元手にして、債権者（お金を貸したり、先払いしている人など）に対し、それぞれの債権額に応じて支払います（これを「弁済」とか「配当」といいます）。そして、破産の手続が始まれば、すべての管理権・処分権が破産管財人に移ります。そのため、裁判所が正式に破産の手続を進める決定を出すと、その時点から、交渉の相手方は破産管財人となります。

2　破産管財人による工事の続行・契約解除の選択

設問のように、未完成のリフォーム工事で、請負代金も一部しか支払われ

ていないような契約については、破産法の規定により、破産管財人が、①契約を解除して初めからなかったことにするか、②破産管財人が自分で工事を引き継いで完成させ、注文者（施主）から全額請負代金をもらうか、を選択できることになっています。

　もし破産管財人が工事を引き継げば、契約の相手が破産管財人に変わるだけで、今までどおりの契約関係が続きます。そのため、破産管財人がきちんと工事を続行すれば、こちらも契約に従って請負代金を支払います。しかし、破産の手続が始まると、大半の従業員が辞めて人手がなくなることもあって、破産管財人が自ら工事を引き継ぐというケースは、全体からみれば少数だと思われます。すなわち、大半のケースでは、破産管財人が契約を解除することを選択し、契約が初めからなかったことになります。

3　支払済請負代金以上に工事が進んでいた場合

　それでは破産管財人が契約の解除を選択した場合、進行中の工事に関する処理はどうなるのでしょうか。これは破産したリフォーム業者がどこまで工事を進めていたか、注文者側でどこまでお金を支払っていたか、という観点から場合を分けて考える必要があります。

　まず、支払済みの請負代金と比較して、工事のほうが進んでいた場合（注文者が部分的に未払いになっている場合）を考えます。この場合には、破産管財人が注文者に対し、完成した部分の評価額（出来高）と、支払済請負代金（出来高よりも少額）との差額（未払いになっている部分）を請求することになります。ただしこの場合、注文者としては、残りの工事を別のリフォーム業者に引き継いでもらうことになります。そうすると、同じ業者がそのまま工事を続けるよりも、代金が割高になって、費用がかさむことが多いと思われます。そこで破産管財人との交渉の中では、今後の工事に余分な費用がかかることを見越して、出来高を低めに評価してもらえるよう、要望を出していくことになります。

4　工事の出来高以上に請負代金を支払っている場合

　次に、工事の進み方に対して、請負代金が多く支払われていた場合（注文者が払い過ぎになっている場合）を考えます。この場合、注文者は破産管財人に対して、払い過ぎになっている部分（支払済請負代金から出来高を差し引いたもの）の精算・返還を求めることができます。

　この場合、こちらから破産管財人に対して契約を解除する形式をとると、払い過ぎになっている部分は、「破産管財人が集めたお金の範囲内でしか払われない」という取扱いがなされると考えられます（このような取扱いがされる債権を「破産債権」といいます）。これに対し、破産管財人から契約を解除した場合、注文者が払い過ぎになっている部分は、破産手続の中では優先的に支払いを受けられる取扱いがされます（このような取扱いがなされる債権を「財団債権」といいます。破産法54条2項、最高裁昭和62・11・26判決参照）。どちらが契約の解除を求めるかによって、結論が変わるのは一見おかしなことですが、法律の条文からは、このように考えるのが自然です。ですから、注文をした側からすれば、破産管財人に依頼し、破産管財人側から契約を解除してもらう形式をとるべきです。

5　事業者が破産した場合のリスク

　以上のように、リフォーム工事を施工した業者が破産した場合でも、破産管財人から払い過ぎになっているお金を返してもらう方法はあります。

　しかし、破産した業者に財産がほとんど残っておらず、滞納している税金や、従業員の未払賃金などでさえ、満足に支払えないケースもあります。このような場合には、破産管財人が支払いにあてるための財産がなく、払い過ぎになっているお金の一部または全部が戻ってこないというケースも考えられます。

　そのため、契約を締結する段階から、工事の進み具合を上回る請負代金を

払うことのないように、十分注意しておく必要があります。

　また不幸にも、リフォーム工事の途中で、リフォーム業者が倒産してしまった場合には、上記のとおり出来高の査定や、支払済請負代金との精算などが必要になってきます。この際には、出来高を査定するための技術的な知識・経験が必要になるうえ、法律的な問題について破産管財人と交渉していく必要も出てきます。

　そこで、工事途中でリフォーム業者が倒産してしまった場合には、できるだけ早く弁護士に相談し、引き継いで工事をしてくれるリフォーム業者とも打合せをしながら、今後の対処について方針を立てていくのが望ましいでしょう。

Q40 施工不良①——リフォーム後の雨漏り

Q 戸建て住宅の屋根の貼替えリフォームを行ったところ、雨漏り
が発生するようになりました。リフォーム業者は、「きちんと
工事をしているから、責任はない」と言っています。しかし、屋根を貼
り替える以前には、雨漏りが発生したことがありませんでしたので、納
得できません。この場合、リフォーム業者に対してどのような請求が可
能でしょうか。

A 雨漏りの原因を調べて、リフォームの施工不良によるものであれ
ば、リフォーム業者の責任を追及することができます。責任追及
の方法としては、①補修工事をするよう求める、②代金の減額を
求める、③損害の賠償を求める、④契約解除を求める、というものがあります。

解 説

1 雨漏りの原因はリフォーム業者の施工不良によるものか

　雨漏りが発生しているというだけでは、リフォーム業者の責任を追及する
ことができません。リフォーム業者の責任を追及するには、雨漏りが、その
リフォーム業者の施工不良によって発生していることが必要です。

　リフォーム業者の施工不良によるといえるためには、工事の施工方法が、
契約で定めた内容、あるいは、建築基準法令、日本建築学会等の標準的仕様、
建材メーカーが指定している施工方法、その他、わが国の標準的技術基準（独
立行政法人住宅金融支援機構の標準仕様等）に違反しており、その違反が雨漏
りの原因となっていることが必要です。

133

2　専門家による調査が必要

　リフォーム業者による施工不良があり、それが雨漏りの原因であるかを判断することは、一般の消費者には困難です。上記の施工不良があるか否かの判断基準に精通し、被害者側の立場から、雨漏りの原因を調査してくれる建築士等の専門家に調査を依頼することが必要です。

　他のリフォーム業者に相談するという方法もありますが、他のリフォーム業者は、上記の施工不良があるか否かの判断基準に精通しているとは限りませんし、補修工事を請け負うかもしれないという利害があるので、必ずしも適当とはいえません。

3　リフォーム業者に対してどのようなことを請求できるか

(1)　責任追及の内容

　リフォーム業者に対する責任追及の内容としては、次の(A)から(D)の方法があります。

　　(A)　補修の請求（追完請求）

　当初の契約で約束した内容や一般的に期待される品質水準に適合するように、補修することを請求することができます（民法559条、562条）。

　　(B)　代金減額請求

　リフォーム業者が前記(A)の補修の請求に応じない場合等には、リフォーム請負代金（報酬）を減額するよう請求できます（民法559条、563条）。

　　(C)　損害賠償の請求

　前記(A)の補修をするのに必要な費用を請求することもできます（民法559条、564条、415条）。

　ところで、リフォーム業者が補修請求に応じない場合はもちろんのこと、リフォーム業者が補修を希望している場合であっても、「不良施工を行ったような業者に補修させるよりも、他の信頼できる業者に依頼したい」と考え

る方も多いと思いますが、いくつか考慮すべき点があります。

まず、第1に、補修を行った後、将来に再度雨漏り等の不具合が生じた場合、元のリフォーム業者の責任か、後から補修を行った業者の責任かということで争いになる可能性があるということです。リフォーム業者は、「雨漏りの再発は補修業者の責任だ」などと主張することが予想されます。

また、第2に、補修に要する費用の損害賠償請求をした場合、補修費用の金額をめぐって対立が生じる可能性があるということです。他の業者が起こした施工不良の補修をする場合、業者としての利潤に加えて、前述のようなトラブルのリスクも見込んだ補修費用になるのに対し、リフォーム業者は最低限の補修費用しか認めないため、両者の主張する金額に隔たりが生じて、早期に解決できないことも多いといえます。

別のリフォーム業者に補修を依頼する場合には、上記の点を考慮して慎重に判断することが必要です。

(D) 契約の解除

リフォーム業者が前記(A)の補修の請求に応じない場合等には、契約を解除できることがあります（民法559条、564条、541条、542条）。ただし、当初の契約で約束した内容への不適合の程度が、その契約や取引上の社会通念に照らして軽微であると評価される場合には、契約解除が認められない可能性もありますので（同法541条ただし書）、解除ができるか否か、あるいは、解除できるとしても解除すべきか否か等といった判断については、弁護士・建築士に相談のうえ慎重に判断されることをお勧めします。

(2) 補修費用以外の損害

前記(1)によっても回復されない損害が発生した場合には、(1)の請求に加えて損害賠償を請求することができます（民法634条2項第1文後段、545条3項）。

たとえば、①雨漏りによって衣類・寝具・家具等が汚損した場合のクリーニング代や修繕費、②補修工事期間中に家に住めないような場合の仮住まい費用などが必要となる場合があります。

　この場合、前記(1)の請求に加えて損害賠償を請求することになります。この点、前記(1)の(A)修補の請求や、(D)契約の解除の場合に、損害賠償も行えることは問題がありませんが、(B)の代金減額請求をした場合には、法律上、さらに損害賠償請求をすることができないと考えられています。(B)の場合には、これらクリーニング代等の損害を代金の減額分として算定すべきと考えますが、代金減額請求は2020年４月から施行された改正民法による新しい制度なので、減額の算定方法についてはまだ議論が定まっていないところです。

　また、いずれの請求についても、請求の要件や、各請求の順番、リフォーム業者への通知の期間制限などがあるので、詳しくは、弁護士に相談されることをお勧めします。

Q41 施工不良②──ユニットバスの破損

Q 浴室をリフォームしたところ、新品のユニットバスが破損していることに気づきました。リフォーム業者に対して、どのような請求ができるでしょうか。

 破損の箇所や程度によって、ユニットバスの取替えを含む補修、あるいは、これらに要する工事費用等の損害賠償を請求できることがあります。

解　説

1　請負人の契約不適合責任

　本設問の契約は、単なるユニットバスという工業製品の売買契約ではなく、元の浴室の解体、新たなユニットバスの組立て・据付けといった工事を要しますので、リフォーム工事の請負契約にあたります。

　設問では、リフォームしたユニットバスが破損しており、リフォーム業者の仕事の内容に請負契約で依頼した内容に適合しない欠陥（契約不適合）があったということになりますので、Q40と同様に、注文者は、請負人に対し、その欠陥の補修を請求することができます（追完請求。民法559条、562条）。また、業者に補修させるのではなく補修に要する費用を損害賠償として請求することや、補修させつつ、それ以外に発生した損害について賠償請求することもできます（同法559条、564条、415条）。代金減額請求（同法559条、563条）や、契約の解除（同法559条、564条、541条、542条）も考えられます。

2　具体的補修方法

　注文者からの補修請求（追完請求）がなされた場合、リフォーム業者は、注文者に不相当な負担を課すものでないときは、注文者が請求した方法と異なる方法で補修することができるとされています（民法559条、562条1項ただし書）。これは、2020年4月施行の改正民法による新しい法の定めなので、注文者に不相当な負担を課すものでない場合が具体的にどのような場合を指すのかについては、今後の事例の蓄積を待つ必要がありますが、概ね、以下のように考えられます。

　たとえば、ユニットバス表面の細かな傷や欠損といった、お風呂としての使用や耐久性にも問題がなく、外見上もさほど目立たない程度の不具合であれば、リフォーム業者が任意に取替えの補修を了解すれば話は別ですが、そうでない限り、現場でのパテ補修や仕上げの再塗装といった簡便な補修を請求できるにとどまり、設置されたユニットバス自体の取替えを求めたり、再度分解して工場に送り返して仕上げ塗装をやり直させるといった補修を請求することは困難でしょう。

　他方、熱湯噴出孔部分が破損し、火傷のおそれがあるといった重大な欠陥の場合には、使用上の安全性を確保しうるに足る根本的な補修が必要であり、場合によっては、ユニットバス自体の取替えを求めることも可能と思われます。

Q42 施工不良③──責任追及の期間

 自宅のリフォーム工事をしたのですが、工事部分で雨漏りなど の不具合が発生しました。工事から数年経っているのですが、 リフォーム業者に対する請求は、いつまでできるのでしょうか。雨漏り に関する瑕疵担保期間は強制的に10年になったと聞いたことがあるので すが、リフォーム工事の場合はどうなのでしょうか。

新築住宅のように10年保証の強制はなく、リフォーム工事の規模 および契約の内容によって、責任追及できる期間が影響を受ける ので、注意が必要です。

①　2020年3月31日までの契約

増築のように大規模な工事の場合、原則として、木造ならば5年、鉄骨造 や鉄筋コンクリート造ならば10年です。

これに対し、建物の一部についてのリフォーム工事の場合、引渡しから1 年です。いずれの場合も、契約上の特約で変更することができます。

②　2020年4月1日以降の契約

雨漏り等の契約不適合を知った時から1年以内に、その旨を業者に通知す る必要があります。この通知を行えば、雨漏り等の原因が判明したときから 5年もしくは引渡しから10年の間、補修や代金減額請求、損害賠償請求、解 除をすることができます。

解 説

1　責任追及できる期間の制限──品確法の10年保証の対象外

リフォーム工事は請負契約にあたります。そして、請負人であるリフォー

ム業者の責任が追及できる期間については、法律や契約によって種々の制限が設けられていますので注意が必要です。

設問の「10年の強制」は、住宅の品質確保の促進等に関する法律（品確法）に基づくもので、新築住宅の「構造耐力上主要な部分」と「雨水の浸入を防止する部分」に関する瑕疵について10年間の責任期間が強制されています。しかし、この法律が適用される請負契約は、「住宅を新築する建設工事の請負契約」（品確法94条1項）ですので、リフォーム工事契約には適用されません。

2 部分的なリフォームの場合（改正前民法の場合）

外壁の塗装工事やサッシの取替え等といった、部分的なリフォーム工事に基づく責任（瑕疵担保責任）が追及できる期間は、一般的に、仕事の目的物（完成品）の引渡しを受けた時から「1年」とされています（改正前民法637条1項）。

この期間は、契約において、特約により変更することも可能で、リフォーム業者が使っている契約書では6カ月等と短縮されている例もあります。工事から1年以上経ってから雨漏り等の不具合が発生することもありますので、契約前であれば、契約書をよく確認して責任追及できる期間を少なくとも2年以上にするよう要求するべきでしょう。

3 増築や大規模リフォームの場合（改正前民法の場合）

これに対し、「建物その他の土地工作物」に関する請負契約の場合、工事に基づく責任（瑕疵担保責任）を追及できる期間は、一般的に、引渡しを受けた時から「5年」とされ（改正前民法638条1項本文）、さらに、それが「石造、土造、れんが造、コンクリート造、金属造その他これらに類する構造の工作物」の場合は「10年」とされています（同項ただし書）。

したがって、増築や建物の全面的な改修工事といった大規模リフォームの場合には、この長期の瑕疵担保期間が適用されることになり、問題となったリフォーム工事の対象建物の種類が木造であれば5年ですし、鉄骨造や鉄筋

コンクリート造であれば10年ということになります。

　ただし、この期間も契約上の特約で変更することが可能で、リフォーム業者がよく使用する契約書では、「民間（旧四会）連合協定工事請負契約約款」（現在では、民間（七会）連合協定工事請負契約約款）という約款を添付して、それに従うように特約がなされていることが多くみられます。この約款によれば、瑕疵担保期間は、木造建物で1年、鉄骨造や鉄筋コンクリート造等であれば2年と短縮されています（ただし、瑕疵が業者の故意または重大な過失によって生じた場合には、それぞれ5年、10年となることとされています）ので、注意が必要です。

4　期間経過後の責任追及の可能性（改正前民法の場合）

　上記のような期間制限によって瑕疵担保責任が追及できなくなった場合でも、「不法行為責任」を理由とする損害賠償を請求できる余地があります。不法行為の消滅時効期間は、損害および加害者を知った時から3年であり、この期間内に請求しなければ権利が消滅してしまうおそれがあります。また、不法行為の時から20年以内に請求する必要があります。本設問の場合には、雨漏りの発生原因である施工不良を知った時から3年間、工事完成から20年以上経過すると、請求ができなくなる可能性がありますので注意が必要です（民法724条）。

5　民法改正後

　2020年4月1日以降にリフォーム契約がなされた場合は、改正民法が適用されます。この場合、契約不適合責任として、Q40のとおり、補修請求（追完請求）、代金減額請求、損害賠償請求、解除という方法での責任追及が可能です。

　これらの契約不適合責任は、不適合を知った時から1年以内に業者に対して不適合の事実を通知しなければ、責任追及できなくなるとされていま

す。「不適合を知った時」については、雨漏りという現象がわかった段階（いまだ原因は不明な段階）でもこれにあたるという考え方もあるので、現象がわかったら、原因が不明でも、業者に対し現象の内容や範囲・程度等を通知しておいたほうが無難です。

　この通知を行った後でも、①雨漏りの原因を知った時から5年か、②引渡しの時から10年の、どちらか早いほうがくると時効となってしまうので、それまでに訴訟提起等を行う必要があります。なお、この時効期間について、契約で短くなっていることがあるのは、民法改正前と同様です。たとえば、多くの契約で利用されている「民間（七会）連合協定工事請負契約約款」（2020年4月改正）では、引渡しから2年と、責任追及可能期間が短縮されています。

　期間経過後に不法行為責任追及の可能性があることは、民法改正前と同様です。この不法行為の期間制限については、概ね改正前民法と同様ですが、雨漏り等の原因を知った時から3年という部分について、人の生命または身体を害する場合は、5年に伸長されるという新しい定めができています。

Q43 工事の内容がカタログ等と異なる場合

床フローリングを貼り替えるリフォーム工事の契約をしました
が、仕上がってみると、事前にリフォーム業者から示されたカ
タログやサンプルとイメージが全く違っていました。業者にやり直しな
どを請求できるでしょうか。

床フローリングが、リフォーム契約の内容と異なる場合には、や
り直し工事や、やり直し工事に要する費用等の損害賠償を請求す
ることができます。また、代金減額請求や契約解除ができる場合
もあります。

解　説

1　リフォーム契約の内容

　リフォーム工事の結果が、リフォーム契約で約束した内容と異なる場合に
は、リフォーム業者の工事には契約不適合があることになります。
　「カタログやサンプルとイメージが異なる」という本設問のような場合、
リフォーム契約において施工すべきフローリング工事の内容（材料・品質等
の仕様）が、「カタログ」や「サンプル」の型番などで特定され、そのとお
りに施工することが約束されていたかが重要なポイントになります。
　床フローリング工事の内容が明確になっている場合と、不明確な場合とで
は、対応の仕方に違いがあります。以下、分けて説明します。

2　契約内容が明確な場合

　床フローリング貼替えのリフォームを行う場合には、通常、①どのような

143

フローリングにするかについて、リフォーム業者と相談・打合せを行い、②サンプルを見せてもらって、カタログの中から材料等を決め、③その材料の価格や工事費用がいくらになるかを記した見積書を出してもらい、④フローリングの材料等と工事代金を決め、⑤決めた内容を記した契約書を締結し、⑥工事がスタートする、という流れになります。

　建設工事の請負契約の適正化等を図ることによって、適正な施工を確保し、発注者を保護することなどを目的とする建設業法では、工事内容を書面化して、発注者と業者とが署名または記名捺印して、書面を取り交わすことを求めています（同法19条）。

　また、建設業法上の許可を受けた建設業者は、「工事内容に応じ、工事の種別ごとに材料費、労務費その他の経費の内訳を明らかにして、建設工事の見積りを行うよう努めなければならない」とされ、「注文者から請求があつたときは、請負契約が成立するまでの間に、建設工事の見積書を提示しなければならない」とされています（同法20条）。

　これら契約書などの書面で床フローリング工事の内容が明確に特定されているのに、リフォーム業者が、これに反して、性能や品質が劣る材料で施工した場合などには、契約不適合があることとなります。

　このような契約不適合については、Q40のとおり、リフォーム業者に対し、契約どおりのフローリングに再施工（補修）することを求めたり、あるいは、再施工（補修）のために必要な工事費用額その他の損害の支払いを求めたりすることができます。また、代金減額請求や契約解除ができる場合もあります。

　もっとも、契約書に記載されたフローリング材等とは異なる材料等で工事がなされていても、それと同等の品質や性能が確保されていると考えられるときには、場合によって契約不適合とはいえないことがあり得ますので、注意が必要です。

3　契約内容が不明確な場合

　もし、契約書などの書面に、床フローリング工事の具体的な内容が記載されていない場合には、リフォーム工事契約で約束した工事内容がはっきりしないことになってしまいます。

　そもそも、契約書などでフローリング材等を特定しないで、工事を受注して施工してしまうというリフォーム業者の対応に問題があるのですが、契約不適合を理由に補修や損害賠償請求をするためには、頼んだフローリング工事よりも性能や品質が劣るフローリングが施工されていることや、一般的に期待される品質水準よりも劣るフローリングが施工されていることを、注文者の側で具体的に指摘していくことが必要となります。契約の打合せの際の記録やメモ、あるいは、カタログやサンプルを示して協議していたのであれば、そのカタログ等から契約内容や一般的に期待される品質水準を特定できるかどうかの検討が必要です。

4　まとめ

　上記のように、契約内容の確認・特定作業を行い、リフォーム業者へ要求することを整理し、業者と交渉することになりますが、リフォーム工事は、新築工事とは異なる難しさがあり、法律的な知識に基づく専門的判断が必要な場面も少なからずあります。早めに弁護士に相談して交渉方針を検討するとよいでしょう。

Q44 外壁タイルの色目がおかしくなった場合

自宅の外壁の淡いオレンジ色のタイルが気に入っていたのですが、地震で部分的に破損してしまいました。そこで、リフォーム業者に外壁タイルの破損部分の貼替工事を頼んだところ、タイルの色目が思っていた物と違っていて、とても不自然な色調になってしまいました。業者にどのような請求ができるでしょうか。

A 契約内容と異なっていれば、リフォーム業者に対し、再工事を求めたり、損害賠償を請求することが考えられます。

解 説

1 契約内容の確認・特定

外壁タイル貼替工事も、リフォーム業者との契約ですので、工事請負契約書があるケースと、ないケースについて分けて考えてみます。

2 工事請負契約書があるケース

建設業法は、「建設業を営む者の資質の向上、建設工事の請負契約の適正化等を図ることによって、建設工事の適正な施工を確保し、発注者を保護するとともに、建設業の健全な発達を促進し、もって公共の福祉の増進に寄与することを目的」として定められ（同法1条）、工事請負契約にあたっては契約書を作成しなければならず（同法19条）、材料の特定（色も含む品番等）や代金内訳（単価等）を明らかにするよう求めています（同法20条）。

したがって、外壁タイル貼替工事を行うのであれば、どの部分にどのような外壁タイルを使用するか、材料の特定（色・形状・素材等も含めた仕様や、

既製品ならば品番等）や代金内訳明細（単価・数量等）をきちんと契約書に定めておく必要があります。ただし、このような材料の特定や代金内訳明細は、見積書を添付引用する形式となっていることもあります。

その契約書で、①従前の淡いオレンジ色の外壁タイルと同一のタイルを使用すること、あるいは、②従前の淡いオレンジ色の外壁タイルと色調等を統一することが明記されていれば、これに反する工事は、契約違反（契約不適合）といえます。その場合には、相当の期間を定めて、契約書どおりに従前の淡いオレンジ色の外壁タイルを使用した再工事（補修工事）を求めることができます（民法559条、562条）。また、リフォーム業者が補修工事に応じない場合などは、他の業者に補修工事を行わせ、その代金相当額や、そのほかに生じた損害を賠償請求することも考えられます（同法559条、564条、415条）。また、事案によっては、代金減額請求や契約解除も請求できる場合があります。

一方、工事請負契約書があっても、どのような外壁タイルを使用するか、材料の特定がなされていないこともあります。こうした契約を行うこと自体、専門家であるリフォーム業者として大きな問題ではありますが、その場合は、工事請負契約書がないケースと同様に考えていくことになるでしょう。

3　工事請負契約書がないケース

工事請負契約書を作成せず、あるいは材料の特定（色も含む品番等）がなされていない場合、それ自体が、リフォーム業者側の重大な問題と思われますが、リフォーム業者からは「従前の淡いオレンジ色の外壁タイルと同じものを使う約束はなかった」と言われることがあります。しかし、注文者は「淡いオレンジ色の外壁タイルが気に入っていた」のですし、客観的にも「淡いオレンジ色の外壁タイル」が使用されているのであれば、同種品が使われることが通常でしょうから、次のように考えることができると思います。

(1) 従前の淡いオレンジ色の外壁タイルと同じタイルが製造され入手可
能であったケース

この場合には、あえて「別のタイル」を使用する特別の事情でもない限り、
「従前の淡いオレンジ色の外壁タイルを使用」する合意があったものとされ
ます。なぜなら、「淡いオレンジ色の外壁タイル」の補修という客観的事実、
注文者の意思、もし「別のタイル」使用の合意があれば契約書等に明記され
たはずであること等からです。

したがって、前記2のケースと同じような請求が可能と思われます。

(2) 従前の淡いオレンジ色の外壁タイルと同じタイルが製造中止となっ
ており入手不可能であったケース

この場合には、注文者としては、できるだけ従前の外壁タイルと同等のタ
イルによる施工を望み、客観的にもそのような外壁タイルによる施工が合理
的でしょう。リフォーム業者が実際に使用した外壁タイルよりも、より従前
の淡いオレンジ色の外壁タイルに近い同種同等品が存したとすれば、業者の
施工は「契約不適合」と把握することも可能と思われます。

したがって、この場合も、前記2と同じように考えることが可能であろう
と思われます。

Q45 グレード違い

リフォーム工事終了後入居したら、契約書に添付された見積書の記載では食器洗い乾燥機の付いたシステムキッチンだったのに、設置されたのは食器洗い乾燥機の付いていないグレードの低いものでした。見積書記載の額の代金を支払済みなのですが、何とかならないでしょうか。

 合意内容と異なるシステムキッチンが設置された場合は、法律上「契約不適合」と評価され、業者に対して契約不適合責任を追及できます。

解 説

1 契約不適合責任の追及

リフォーム工事に契約不適合があった場合、注文者は、民法の契約不適合責任の規定に基づいて、リフォーム業者に対して追完請求することが可能であり（民法559条、562条1項）、リフォーム業者がこれに応じない場合などには、履行に代わる損害賠償の請求や代金減額請求（同法563条）をすることも可能です。

請負人の契約不適合責任が生ずるのは、「契約の内容に適合しないとき」であり（民法415条1項）、契約の内容に適合しないときとは、完成された仕事が契約で定めた内容どおりでなく、使用価値もしくは交換価値を減少させる欠点があるか、または当事者があらかじめ定めた性質を欠くなど不完全な点を有することであるとされています。

本設問では、当事者が契約で合意したものよりもグレードの低いシステム

キッチンが設置されたということですので、「契約の内容に適合しない」と評価される可能性が高く、契約の内容に適合しないと評価されれば、リフォーム業者に対して契約不適合責任を追及することが可能です。契約不適合責任に基づく追完の内容としては、契約の内容に適合する状態にすることが原則ですので、業者に対して、本来合意していたシステムキッチンへの付け替えを請求することになります。

2　改正前民法が適用される場合

リフォーム工事契約の締結が2020年4月1日よりも前である場合は、改正前民法が適用されます。

この場合も、注文者は、改正前民法の瑕疵担保責任に基づいて、相当な期間を定めての補修請求（改正前民法634条1項）や補修に代えて、または補修とともに損害賠償の請求をすることが可能です（同条2項）。

なお、改正前民法では「瑕疵が重要でない場合において、その修補に過分の費用を要するときは、この限りではない」と規定されているため（改正前民法634条1項ただし書）、リフォーム業者からシステムキッチンの付け替えは相当大がかりな工事になるとして、この条文に基づく反論がなされることが考えられます。

しかし、本設問のように、食器洗い乾燥機が付いているかどうかは、システムキッチンのグレードとしては大きな違いといえますので、「瑕疵が重要ではない場合」とはいえず、原則どおり瑕疵担保責任の追及が可能と考えられます。

いずれせよ、「瑕疵が重要でないこと」や「修補に過分の費用を要すること」はリフォーム業者側で主張・立証する責任があります。したがって、注文者としては、まずは瑕疵担保責任の追及を原則としつつ、リフォーム業者から反論がなされた場合には、瑕疵の重要性や修補費用の額については専門的な評価や判断が必要になりますので、弁護士や建築士などの専門家に相談する

とよいでしょう。

　なお、改正後民法では、改正前民法634条１項ただし書に該当する条文は削られました。

Q46　破壊的リフォームと注文者の指図

 リフォームする際にリビングルームの窓を大きくしてほしいと
注文し工事をしてもらったところ、知り合いの建築士さんから
「窓を大きくする際に、構造上重要な柱がとられており倒壊の危険がある」と言われました。

　このことをリフォーム業者に言うと、「窓を大きくしてほしいと言われたから大きくしただけだ」と言って取り合ってくれません。どうすればよいのでしょうか。

　たとえ施主の注文どおりであったとしても、リフォーム業者の施
工が契約内容に適合していないとして、リフォーム業者に対して、
補修を請求したり、補修代金相当額を損害として請求したりする
ことができます。

解　説

1　破壊的リフォーム

　設問のリフォーム工事によって、建物が構造上危険な状態になっているとしたら、リフォーム工事が契約内容に適合しないことになります。請負人の契約不適合責任が生ずるのは、「契約内容に適合しないものであるとき」であり（民法559条、562条）、目的物が契約内容に適合しないものであるとは、完成された仕事が契約で定めた内容どおりでなく、使用価値もしくは交換価値を減少させる欠点があるか、または当事者があらかじめ定めた性質を欠くなど不完全な点を有することであるとされており、本設問のように既存の建物の構造耐力を損なうような施工（破壊的リフォームともいいます）がなされ

た場合も、施主としては、リフォームによって構造上危険な状態にならないことを前提としてリフォーム業者に注文していると考えられるため、契約内容に適合しないものであるといえます。

したがって、リフォーム業者に対して、構造上、元の強度になるような補修を請求したり、補修代金相当額を損害として請求したりすることができます。

2　注文者の指図

もっとも、リフォーム業者の側からは、注文者の指示どおりに工事したのに契約不適合責任を追及されるのは納得がいかないとの反論がなされる可能性があります。この点、民法は、「注文者は、注文者の供した材料の性質又は注文者の与えた指図によって生じた不適合を理由として」は、契約不適合責任の追及ができないと規定しているので(民法636条本文)、本設問の場合も、契約不適合が注文者の指図によって生じた場合にあたるのではないかが問題となります。

しかし、一般的に、建築の素人である注文者が、構造上危険な状態になるということをわかっていながら、あえて柱をとって窓を大きくしてほしいと注文することは考えられないでしょう。反対にリフォーム業者は、建築・建設の専門家として、できない工事、やってはいけない工事は、たとえ注文者が希望しても工事の危険性などを十分に説明したうえで翻意させたり断ったりするべきです。

このような観点から、前記の民法636条も、「ただし、請負人がその材料又は指図が不適当であることを知りながら告げなかったときは、この限りでない」とただし書を設けています。

したがって、本設問についても、注文者が、リフォーム業者から柱を撤去する危険性について十分な説明を受け、それでも敢えて工事をさせたというような事情のない限り、リフォーム業者に対し、契約不適合責任を追及でき

153

ます。

3　改正前民法が適用される場合

　リフォーム工事契約の締結が2020年4月1日よりも前である場合は、改正前民法が適用されます。

　この場合にも、注文者は、改正前民法の瑕疵担保責任に基づいて、相当な期間を定めての補修請求（改正前民法634条1項）や補修に代えて、または補修とともに損害賠償の請求をすることが可能です（同条2項）。

　2020年4月1日よりも前の契約の場合にも、リフォーム業者から瑕疵担保責任は「注文者の与えた指図によって生じたときは、適用しない」（改正前民法636条本文）という反論が考えられますが、前記2と同様に、「請負人がその材料又は指図が不適当であることを知りながら告げなかったときは、この限りではない」とする改正前民法636条ただし書を根拠に、瑕疵担保責任を追及できます。

4　今後の対応

　本設問では、建築技術上の問題点の指摘や今後の補修工事の内容については建築士の助力が不可欠ですし、相手方が全く対応していないことから、交渉についても弁護士に相談されたうえで進めていくべきだと思われます。したがって、注文者としては、まずは契約不適合責任の追及を原則としつつ、リフォーム業者から反論がなされた場合には、専門的な評価や判断が必要になりますので、建築士や弁護士などの専門家に相談するとよいでしょう。

Q47　依頼した耐震改修工事が行われていなかった場合

Q 古い木造住宅に住んでいます。大地震が心配となり、約800万円をかけて、地元の工務店に耐震改修を兼ねたリフォーム工事を頼みました。とてもきれいな出来映えに満足していたのですが、建築に詳しい知人によれば、耐震性能が十分確保されているとはいえないそうです。どうしたらよいでしょうか。

 リフォーム業者に対して、着工前に実施したはずの耐震診断の結果を確認し、どのような耐震改修工事を計画したか、現実にどのようなリフォーム工事を施工したかについて説明を求めましょう。「耐震改修」という施主の希望に応えられていない場合、工事のやり直しや損害賠償を求めることも考えられますが、業者側との交渉を含む問題ですから、まずは、被害者側に立って相談に乗ってくれる弁護士に相談し、今後の対応を検討するとよいでしょう。

解　説

1　耐震改修工事の流れ

耐震改修工事は、一般的に、「耐震診断」→「耐震改修工事の計画立案」→「現実の施工」という流れで行われます。

まず、建築士等が、設計図書等の資料をチェックし、建物の外観目視や内装の一部を剥がす破壊調査によって、壁の強さやバランス、柱・梁や接合部の状況を確認し、耐震性能を評価する「耐震診断」を実施します。

次に、その結果を受けて、耐震性能の不足を補うために、どのような補修が必要かつ相当かを検討し、耐力壁の設置、筋かいの増設、接合部の金物補

強等々、建物の状況に応じたさまざまなメニューを組み合わせた「耐震改修工事の計画立案」を行います。

そして、立案された計画を実現するためのリフォーム工事としての「現実の施工」を行うことになります。

2 リフォーム業者に確認すべきこと

依頼したリフォーム業者が、上記のような手順をとっていなかったとすれば、非常に問題です。特に、「耐震診断」すら実施されていなかったとすれば、いわゆるリフォーム詐欺に近いと言っても過言ではないでしょう。

いつの時点で代金の取決めを含む請負契約を締結したかも重要です。そもそも、どのような耐震改修工事が必要かを確認するためには、耐震診断を実施する必要があります。にもかかわらず、耐震診断を実施する前に、最初から請負代金が決められていたとしたら、その範囲でできることしかなされていない可能性が高く、耐震性能の向上よりも見栄えや設備等が優先されている可能性が高いでしょう。

また、「耐震改修工事の計画立案」の内容は、契約書と設計図書などで確認できるはずです。契約書は、「建築工事請負契約書」「耐震改修工事契約書」「○○邸リフォーム工事請負契約書」等、名称の如何を問いません。

さらに、「現実の施工」が計画どおりになされたかは、工事中の施工写真を見れば、ある程度確認することができますし、いわゆる大規模修繕（住宅の2分の1以上の修繕）の場合には、建築士による設計が必要となりますので（建築基準法2条14号、建築士法2条8項、3条2項）、工事監理者たる建築士が作成した監理報告書で確認することもできます。

3 今後の対応

リフォーム業者に対して、上記の手順について、確認と説明を求めることになると思いますが、これに答えられないようであれば、悪質・不誠実な業

者の疑いが高いといえるでしょう。

　そのような業者と交渉するには、注文者の側で一定の資料や根拠を把握しておく必要があります。

　また、紛争解決の方法としては、単なる交渉のほか、建設工事紛争審査会や弁護士会仲裁センターのあっせん調停、民事調停、民事訴訟等が考えられますが、事案や時機に応じた選択が不可欠です。

　このような解決方法の選択も含めて、まずは、被害者側に立って相談に乗ってくれる弁護士に相談し、今後の対応を検討するとよいでしょう。

Q48 害虫駆除業者による訪問勧誘での被害

 築20年の戸建て住宅に居住していますが、突然、害虫駆除業者がやって来て、「キクイムシがいるので消毒したほうがよい」と言われ、勧められるままに消毒駆除を依頼したところ、作業完了後、約50万円もの請求を受けました。高すぎるのではないでしょうか。また、本当にキクイムシがいたのかも疑問に思っています。どうすればよいでしょうか。

A まず、キクイムシがいなかったにもかかわらず、「キクイムシがいるので消毒したほうがよい」と説明したとすれば、詐欺行為となるので、支払った費用全額の返還を請求することができます。

　実際にキクイムシがいて、消毒する必要があったとしても、支払った費用の額が、現に実施された駆除消毒作業の内容に照らして過大なものであれば、適正な費用との差額の返還を請求できる余地があります。

解 説

1　ヒラタキクイムシによる被害

　ヒラタキクイムシ（キクイムシ）は、木材に重大な被害を及ぼす代表的な害虫です。外国からの輸入材（ラワンなど）に被害が多いのですが、ケヤキ、ナラ、カシ、キリなどの広葉樹やタケなども害されます。屋外から侵入することは少なく、ヒラタキクイムシの卵が産み付けられた建材を用いた場合に被害が生じることになります。

　ヒラタキクイムシによって木材内部が食害を受けた場合、内部に粉状に糞が大量に溜まった状態となります。ヒラタキクイムシの成虫が脱出する際、

この木粉のような糞が排出され、被害に気づくことになります。

　ヒラタキクイムシの被害は一定年数続きますので、発見が遅れた場合、甚大な被害となります。本当にヒラタキクイムシがいたのであれば、消毒して駆除することが必要となります。

2　駆除の必要性

　本来は、リフォーム業者の口頭説明のみを鵜呑みにしないで、ヒラタキクイムシがいることを注文者自身の目できちんと確認してから、消毒を依頼するべきです。

　たとえ駆除作業後であっても、ヒラタキクイムシがいると判断した根拠として調査報告書の作成・提出を要求してみることも考えられます。

　もし、ヒラタキクイムシがいなかったにもかかわらず、事実に反して、「キクイムシがいるので消毒したほうがよい」と説明したとすれば、詐欺行為となります。そのため、詐欺を理由にリフォーム工事の契約を取り消し、リフォーム業者に対して支払った費用全額の返還を請求することができます（民法96条1項）。

3　費用の適正性

　仮にヒラタキクイムシがいたとしても、約50万円という作業費用が適正といえるかが、次に問題となります。

　本来は、駆除消毒作業を依頼する前に、見積書の提出を求めて、費用内訳や作業時間等をもとに、約50万円という費用が適切であるか否かを検討するべきですが、事後的でも請求金額の内訳明細書の提出を求めて、請求内容を検討することが大切です。

　検討した結果、請求金額が不当、過大であった場合には、詐欺取消し（民法96条1項）、錯誤による取消し（同法95条）、公序良俗違反（暴利行為。同法90条）、不当利得（同法703条）、不法行為（同法709条）等を理由として、代金

の全部または一部の返還や損害賠償を求める余地があります。

　リフォーム業者が誠実に交渉に応じない場合には、弁護士に相談するとよいでしょう。

4　クーリング・オフ

　本設問は、訪問勧誘によるリフォーム工事の注文ですので、工事や消毒駆除が終了した後であっても、クーリング・オフにより契約を解消できる場合があります。詳しくは、Q24〜Q27を参照してください。

Q49　リフォーム工事によりシックハウスになった場合

Q 築35年の中古マンションを購入して、内装全般のリフォームを行いました。入居直後から、寝室に入ると、めまいがして、目がはれぼったくなり、鼻血が出るようになりました。リフォーム業者に相談しましたが、「換気をよくしてください」というだけです。頻繁に換気をしていますが、一向に効果がありません。どうしたらよいのでしょうか。

A リフォームの際に使用された壁紙、木質建材、フローリング材に含まれている化学物質による健康被害として、シックハウス症候群を発症していると思われます。体調不良の原因と考えられる物質の室内濃度を測定し、リフォーム業者に求められる注意義務違反にあたること等が明らかになれば、リフォーム業者の責任を追及し、必要な対策を求めることができます。

解　説

1　シックハウス症候群とは

　住宅の高気密化・高断熱化などが進み、住宅建材に由来する化学物質による空気汚染が起こりやすくなっています。こうした空気汚染は、シックハウス症候群発症の一因となっています。

　人に与える影響は個人差が大きく、同じ部屋にいっしょにいるのに、全く影響を受けない人もいれば、敏感に反応してしまう人もいます。その症状は、目がチカチカする、鼻水、のどの乾燥、吐き気、頭痛、湿疹、倦怠感など人によってさまざまです。

161

　生活上、最も効果的なのは換気です。発生源が寝室だけの様子なので、一番よいのは寝室に換気扇を設置し、直接空気を外部に出すことです。安易に寝室のドアを開放しておくと、有害物質を他の室内に広げてしまうおそれもあります。換気扇設置が不可能であれば、寝室のドアを開放するときには必ず家全体の窓を開け、家具の配置やカーテンの状態などにも気を配り、空気の通り道をつくるよう心がけましょう。

2　厚生労働省が定める室内濃度指針値

　厚生労働省では、13種類の化学物質について、「現時点で入手可能な毒性に係る科学的知見から、ヒトがその濃度の空気を一生涯にわたって摂取しても、健康への有害な影響は受けないであろうと判断される値を算出したもの」（室内濃度指針値）を発表しています。

　特定の化学物質が室内濃度指針値を超過していることだけをもって、直ちに身体の不調の原因がその化学物質であると判断することは必ずしもできませんが、室内濃度指針値が１つの目安となることは間違いありません。

　そこで、それら13種の化学物質のうち体調不良の原因と考えられる物質の室内濃度を測定し、それらの種類や発散場所の特定をすることが有益です。その際、リフォーム業者に対し、シックハウス対策に係る法令等を遵守しているかを確認したり、建材メーカーに問い合わせたり、さらには、建築士に調査してもらうとよいでしょう。測定については、リフォーム業者に調査を依頼する方法や、専門の調査機関に依頼する方法が考えられます。いずれにしても、後日トラブルとならないよう、調査の内容や費用の負担等について、リフォーム業者とあらかじめ協議したうえで実施してください。

3　建築基準法に基づくシックハウス対策

　シックハウス対策に係る改正建築基準法令等は、2003年7月1日に施行されました。その概要は次のとおりです。

① シックハウス対策の規制を受ける化学物質　　クロルピリホスおよびホルムアルデヒドが該当します。

② クロルピリホスに関する規制　　居室を有する建築物には、クロルピリホスを添加した建築材料の使用が禁止されています。

③ ホルムアルデヒドに関する規制

　ⓐ 内装の仕上げの制限　　居室の種類および換気回数に応じて、内装の仕上げに使用するホルムアルデヒド発散建築材料は面積制限を受けます。

　ⓑ 換気設備の義務づけ　　内装の仕上げ等にホルムアルデヒド発散建築材料を使用しない場合であっても、家具等からもホルムアルデヒドが発散されるため、居室を有するすべての建築物に機械換気設備の設置が原則として義務づけられています。

　ⓒ 天井裏等の制限　　天井裏等は、下地材をホルムアルデヒドの発散の少ない建築材料とするか、機械換気設備を天井裏等も換気できる構造とする必要があります。

4　リフォーム業者の責任追及

　シックハウス症候群の原因究明のためには、前述のとおり、リフォーム業者に対し、シックハウス対策に係る法令等を遵守しているかを確認したり、建材メーカーに問い合わせたり、さらには、建築士に調査してもらうとよいでしょう。その結果、体調不良の原因となっている化学物質の室内濃度が厚生労働省の指針値を超えていたり、シックハウス対策に係る法令等の違反が明らかになれば、リフォーム業者の責任を追及し、必要な対策を求めることになります。

　リフォーム業者と交渉をしても、誠意ある対応をしてくれない場合には、弁護士に相談するとよいでしょう。

Q50 トラブルに関する相談窓口・紛争処理機関

 不具合工事に関するトラブルについて、どのような相談窓口、紛争処理機関がありますか。

 相談窓口としては、弁護士会、公益財団法人住宅リフォーム・紛争処理支援センター、法テラス、消費生活センターなどがあります。紛争処理機関としては、裁判所、建設工事紛争審査会、弁護士会などがあります。

解 説

1 相談機関

(1) 弁護士への相談窓口

裁判所等の紛争処理機関を利用せずに交渉による解決をめざす場合には、弁護士に対して交渉代理人として紛争解決を依頼することが考えられます。

この点、建築関係の紛争は専門性が高いので、依頼にあたってはできるだけ同種の事件経験が豊富な弁護士に依頼することが好ましいといえます。

弁護士への代表的な相談窓口としては、各地の弁護士会が設置している法律相談センター（相談は原則有料）のほか、公益財団法人住宅リフォーム・紛争処理支援センターの実施する住宅専門家相談（弁護士と建築士が相談対応。相談無料）、日本司法支援センター（法テラス）の実施している法律相談（相談無料。ただし「収入が一定以下」等の条件を満たす必要あり）などがあります。

なお、弁護士を代理人として依頼する場合には、弁護士費用（着手金）が別途必要になります。

費用は、弁護士によって異なりますので（もちろん、事件の難易度や争って

いる金額の大小によっても変わってきます）、契約前によく説明を受けましょう。

(2) 消費生活センターにおける相談、あっせん

各地の消費生活センターでは、消費生活相談員による相談を受け付けており、場合によっては相談員が間に入ることで紛争処理のあっせんを行うこともあります。

少額のトラブルなど、費用との兼ね合いで弁護士への依頼がしにくいケースでは相談のメリットがあります。

ただ、大規模な建築瑕疵が問題となる事案や法的問題が複雑な事案では消費生活センターのあっせんには限界があり、センターから弁護士への依頼を勧められることもあります。

2　紛争処理機関

注文者の主張とリフォーム業者の主張との間の溝が大きすぎる場合など交渉では解決が難しいケースでは、紛争処理機関への申立てを検討せざるを得ないといえます。

リフォーム工事に関する代表的な紛争処理機関としては以下のような機関があります。

(1) 裁判所における訴訟

訴訟手続の最大のメリットは、最終的に裁判官が強制力のある判決を下して紛争が最終的解決に至るという点にあるといえます。

調停、あっせん等の手続ですと、相手方に手続に応じる意思がなければ解決に至りませんが、訴訟においては相手方の意向にかかわらず判決という形で最終的判断が示されることになります。

その一方で、裁判官が判決を下すためには、多数の証拠を検証したうえで慎重な審理を要するのが通常ですので、他の紛争処理手段と比べると審理期間が長くなる傾向があること、裁判所への書面作成や証拠提出については一定の法的専門知識が必要なため一般の方が独力で手続を進めることが難しい

ケースが多いことがデメリットです。

なお、訴額60万円以下の事件に関しては、簡易裁判所の少額訴訟制度が利用可能です。

少額訴訟は、原則1回の審理で終了することや、弁護士を依頼しないいわゆる本人訴訟での進行にも配慮されている等の特色があります。もっとも、1回審理で終了するということは、訴える側もその1回にすべての主張・証拠を揃える必要があり、準備が不足すると証拠不十分で敗訴となるリスクもあることは注意が必要です。

(2) 裁判所における調停

調停は、調停主任官（裁判官または弁護士）1名と民事調停委員2名で組織される調停委員会が当事者の間に立って当事者の互譲による紛争解決をめざす手続です。

リフォーム紛争等の建築紛争では、民事調停委員は弁護士と建築士が担当することが多いことから、中立な法的専門家、建築技術の専門家の意見を踏まえたうえでの解決が期待できる点や、消費者が独力で申立てや手続進行をすることも訴訟に比べるとややハードルが低いといった点がメリットです。

一方、調停は、あくまで双方の互譲による解決をめざす制度であるため、申立人側の希望が100％実現するような解決になることは少ないといわざるを得ないことや、そもそも相手方に手続に応じる意思が欠けているような場合には調停成立による解決は困難となることがデメリットです。

(3) 建設工事紛争審査会

国土交通省の中央建設工事審査会、各都道府県の建設工事紛争審査会があり、あっせん・調停・仲裁の手続を行います。

あっせんは1名の委員が、調停は3名の委員が当事者の間に立って紛争解決を図りますが、あっせん・調停のメリット、デメリットは、前項の裁判所における調停とほぼ同様といえます。

一方、仲裁はやや異なった制度で、3人の委員で構成される審査会が審理

を担当し、仲裁判断という強制力のある最終判断を下すもので、その点で訴訟と類似する制度といえます。

　この点、仲裁は、申し立てる前提として当事者双方が事前に「仲裁合意」を行っている必要がある点（訴訟はそのような事前合意がなくとも訴えることが可能です）、仲裁は原則として不服申立てが認められない点（訴訟は、三審制がとられており、一定の不服申立てが可能です）が訴訟との大きな違いであり、特に、１回の強制力ある判断ですべてが決まるということは、有利な判断が示された場合には比較的早期に抜本的解決が図れるというメリットになる反面、不利な判断を受けた場合でも不服申立てができないというデメリットがあります。

(4) 弁護士会

　各地の弁護士会に仲裁センター等の名称で設置されている機関で、主にあっせんまたは仲裁が利用できます。

　あっせんと仲裁は、前項の建設工事紛争審査会のあっせんおよび仲裁と同様の手続であり、メリット、デメリットもほぼ同様です。

(5) メリット、デメリットを踏まえた判断を

　紛争処理機関には以上のようなメリット、デメリットがありますので、その点を踏まえて手続の選択を行う必要があります。

Q51　マンションのリフォーム

Q マンションを購入しましたが、間取りや内装に気に入らないところがあります。そこで、使いやすいように間取りを変更したり、内装のクロス等も自分の好みにあったものに変えるためのリフォームを考えているのですが、自分の部屋であれば、好きなようにリフォームしてもかまわないのでしょうか。

 マンションの場合、個人がリフォームできるのは「専有部分」に限られます。その場合でも、管理規約を確認する必要があります。

解　説

1　マンションと区分所有法

　マンションの1室を購入した場合、区分所有権を取得したことになります。

　区分所有権により単独での権利が及ぶのは「専有部分」（建物の区分所有等に関する法律（区分所有法）2条3項）だけであって、それ以外の部分は「共用部分」として複数の区分所有者の共有になります（同法11条1項）。

　「共用部分」とは、「専有部分以外の建物の部分、専有部分に属しない建物の附属物」（区分所有法2条4項）のことですが、①「数個の専有部分に通ずる廊下又は階段室その他構造上区分所有者の全員又はその一部の共用に供されるべき建物の部分」（同法4条1項）のほか、②マンションの管理規約によって共用部分と定められた部分も含まれます（同条2項）。

　マンションは、建物の区分所有等に関する法律およびこれに基づく管理規約によって、「共用部分」（区分所有者全員の共有とされる部分）と「専有部分」（個々の区分所有者の単独所有とされる）とに分けられます。各住戸をつなぐ

廊下や構造壁は法律上「共用部分」と把握され、居宅内の窓枠や窓ガラスは管理規約上「共用部分」とされていることがほとんどです。わかりやすいイメージでいえば、専有部分とは、購入したマンションの室内の内装部分だけ、と考えればよいでしょう。

たとえば、鉄筋コンクリート造のマンションであれば、コンクリート部分は、そのマンションを構造的に支える躯体（骨格）ということになりますから、共用部分になります。

区分所有者の居室に接続しているベランダ・バルコニー等も、他の区分所有者が使用したり自由に出入りできるわけではありませんが、通常は「共用部分」とされることに注意を要します。

2　マンションにおけるリフォーム

区分所有者がリフォーム工事を行うことができるのは、「専有部分」に限られます。たとえば、壁や天井のクロスを貼り替える等といったリフォームです。

これに対し、「共用部分」については、単独の区分所有者のものではありませんので、管理組合による承認を得ずにリフォームすることはできません（区分所有法17条）。たとえば、鉄筋コンクリート造のマンションの場合、間取り変更のために勝手にコンクリートの間仕切り壁に穴を開けたり壊したりするような工事は許されないのです。

3　リフォーム工事をする際の手続

自分の「専有部分」だからといって、自由にリフォーム工事をできるわけではありません。マンションの管理規約には、通常、リフォームをする際の手続が定められており、その規定に従う必要があります。

ちなみに、国土交通省が定めたモデル規約であるマンション標準管理規約（単棟型）17条では、次のように定められています。

（専有部分の修繕等）

第17条　区分所有者は、その専有部分について、修繕、模様替え又は建物に定着する物件の取付け若しくは取替え（以下「修繕等」という。）であって共用部分又は他の専有部分に影響を与えるおそれのあるものを行おうとするときは、あらかじめ、理事長（第35条に定める理事長をいう。以下同じ。）にその旨を申請し、書面による承認を受けなければならない。

2　前項の場合において、区分所有者は、設計図、仕様書及び工程表を添付した申請書を理事長に提出しなければならない。

3　理事長は、第1項の規定による申請について、理事会（第51条に定める理事会をいう。以下同じ。）の決議により、その承認又は不承認を決定しなければならない。

4　第1項の承認があったときは、区分所有者は、承認の範囲内において、専有部分の修繕等に係る共用部分の工事を行うことができる。

5　理事長又はその指定を受けた者は、本条の施行に必要な範囲内において、修繕等の箇所に立ち入り、必要な調査を行うことができる。この場合において、区分所有者は、正当な理由がなければこれを拒否してはならない。

6　第1項の承認を受けた修繕等の工事後に、当該工事により共用部分又は他の専有部分に影響が生じた場合は、当該工事を発注した区分所有者の責任と負担により必要な措置をとらなければならない。

7　区分所有者は、第1項の承認を要しない修繕等のうち、工事業者の立入り、工事の資機材の搬入、工事の騒音、振動、臭気等工事の実施中における共用部分又は他の専有部分への影響について管理組合が事前に把握する必要があるものを行おうとするときは、あらかじめ、理事長にその旨を届け出なければならない。

　管理組合の理事長がリフォームの承認を行うにあたっては、専門的判断が要求されることも多く、専門家（建築士等）からの助言を得ることが一般的でしょう。また、管理規約によってはリフォームについて一定のルールを定めている例も多くみられます。たとえば、フローリングについては、専有部分のリフォームですが、階下の居室に対する騒音の問題もあることから、フローリングの素材を指定していることもあります。規約に違反したフローリング素材に貼り替えた場合、管理組合や下階の居住者から、規約に従ったフローリングに貼り直すよう請求される可能性も十分にありますので注意しましょう。

Q52 工事の騒音

>
>
> マンションの居室のリフォーム工事を依頼したところ、階下の住人から、「工事中の音がうるさい」と苦情がきたのですが、どうしたらよいでしょうか。

受忍限度を超えるような騒音の場合、リフォーム業者だけでなく、場合によっては、工事を発注した注文者にも損害賠償責任が認められることがあるので注意が必要です。

解 説

1　マンションの居室のリフォーム工事をする場合の制限等

マンションの居室のリフォーム工事をする際には、その工事の範囲が仮に自分の専有部分のみに限定されている場合であっても、管理規約、使用細則等で、事前に管理組合の承諾・承認等を得ることが必要とされていることが一般的です（詳しくはQ51を参照してください）。

2　工事中の騒音に関する責任

工事から発生する音が、階下の住人との関係で、一般社会生活上受忍すべき程度（一般的に「受忍限度」といわれています）を超えるものと評価されるようなケースでは不法行為責任（民法709条）が認められることがあります。

そして、受忍限度を超えているか否かの判断要素としては、騒音の程度、発生時間帯、リフォーム工事の必要性、工事期間、騒音の発生がより少ない工法の存否、マンションおよび周辺の住環境、工事の開始からの経過とその間にとられた騒音防止対策、等々の諸事情を総合的に考慮して評価されるこ

ととなります。また、前述した、管理規約、使用細則等に定められた所定の手続をとっているか否かについても、そのような諸事情の1つとして考慮されることとなります。

3　リフォーム業者の不法行為責任

工事から発生する音が、階下の住人との関係で受忍限度を超えるものと評価される場合、そのような工事を行ったことについて故意もしくは過失あるリフォーム業者は、不法行為に基づく損害賠償責任を負うこととなります。

4　注文者の不法行為責任

注文者（施主）は、請負人が工事を行う際に第三者に損害を与えたとしても、原則として、その損害を賠償する義務を負わないこととされています（民法716条）。

ただし、注文者からの注文内容や指図が原因で、受忍限度を超える騒音が発生しているような場合には、注文者としても損害賠償責任を負わされることがありますので注意が必要です（民法716条ただし書）。

Q53 壁クロス貼替えの不具合

 中古マンションを購入し、リフォーム業者に頼んで壁クロスを貼り替えたのですが、まもなくひび割れが生じてきました。どのように対応したらよいでしょうか。

 被害状況を保存し、リフォーム業者に原因調査や補修を求めていくことになります。その前提として、弁護士や建築士に相談するのがよいでしょう。

解　説

1　不具合状況の把握

マンションの壁クロスの施工方法にはいくつかの種類がありますが、残念ながら、施工後にひび割れが生じてきたという相談が少なくありません。いずれ原因を特定しなければなりませんが、まずは、ひび割れの状況写真を撮り、ひび割れの幅を確認しておくことが重要です。

ひび割れ幅を図るための簡易な道具として「クラックスケール」と呼ばれる道具があります。数百円で販売されていますので、これを入手し、ひび割れにクラックスケールをあてながら写真に撮り、また、一定期間ごとに撮ることによりひび割れの進行の有無・程度も把握でき、重要な資料となります。

2　リフォーム業者に補修を求める際の留意点

リフォーム工事が「契約の内容に適合しないもの」にあたれば、法的にもリフォーム業者に追完（補修）義務がありますので、注文者としては、リフォーム業者に補修を求めることになります（民法559条、562条1項）。このケース

でも、ひび割れの原因が標準的な基準や施工方法に違反したため発生している場合は、これらに違反しないことは契約の内容となっていると考えられるため、「契約の内容に適合しないもの」といえます。ただし、リフォーム業者は、注文者が主張する原因とは異なる原因によるクラックであるとして、「契約の内容に適合しない」ことを争ってくることも多く、リフォーム業者とは無関係に客観的な立場で調査を行ってくれる建築士に調査を依頼することも考えられます。

　いずれにせよ、「原因」を特定したうえで、「補修」することが重要です。補修にあたってリフォーム業者に対し、きちんと補修工事の内容を書面で明らかにしてもらうだけではなく、「原因」の書面報告も求めておくことが大切です。そうしないと、場当たり的な補修がなされ、再度ひび割れが生じてしまうこともあり、「補修」してもらったと思っていたら、新たなトラブルが生じてしまうこともあります。

　マンションの長期的・永続的な維持管理のためには、ひび割れなどの被害の原因を把握し、どのような補修をしたか、記録を残しておくことはとても重要なことです。

3　改正前民法が適用される場合

　リフォーム工事契約の締結が2020年4月1日よりも前である場合は、改正前民法が適用され、契約不適合責任ではなく、瑕疵担保責任を追及することとなりますが、ひび割れの原因が標準的な基準や施工方法に違反したため発生している場合は、リフォーム工事に「瑕疵」があると考えられますので、対応は前記2で記載したところと基本的には変わりません。

Q54 管理規約違反

 マンションの床フローリングを貼り替えるリフォーム工事を行ったところ、リフォーム業者が使用した材料が管理規約で認められていないものでした。すでに工事は終わっていますが、やり直しを要求できるでしょうか。

リフォーム業者は、工事の前提として管理規約を確認したうえでそれに反した部材を使用しない責務を負っているといえ、管理規約に反する床フローリングが貼られた場合は、法律上「契約の内容に適合しないもの」と評価され、リフォーム業者に対して契約不適合責任に基づく補修ないしは損害賠償を請求することができることが多いといえます。

解 説

1 管理規約による制限

マンションの管理規約では、フローリング工事について管理組合への事前許可を申し出るべき義務を課しているケース、下階への騒音防止等の目的で遮音性能が一定の基準以下のフローリングを使用することを禁止しているケースなどがあります（Q51参照）。

2 規約違反の場合

本設問では、管理規約にフローリングの性能について定めがあったにもかかわらず、規約に反するフローリングが使用されたということですので、管理組合や下階の居住者から、規約に従ったフローリングに貼り直すよう請求

される可能性も十分にあります。

　施主は、フローリング工事を発注する場合には、管理規約に反しない部材を使用しないことを当然の前提として発注しており、また、工事の専門業者においてはマンションの管理規約においてフローリングが規制されているケースが少なくないことは当然認識していてしかるべきであり、実際に管理規約を確認することも通常容易であるといえることからすれば、管理規約を知り得なかったような例外的事情がない限り、管理規約に反するフローリングを貼った工事は「契約内容に適合しないもの」と評価され、リフォーム業者に対して契約不適合責任に基づく追完（補修）や、リフォーム業者がこれに応じない場合は履行に代わる損害賠償を求めることができます。

3　注文者の指図

　なお、リフォーム業者からは、注文者もフローリングの種類について同意していたことをとらえて、「注文者の指図」（民法636条）があったことから契約不適合責任を負わないという反論がなされることも考えられます。

　しかし、仮にフローリングの種類が注文者の選んだものであったとしても、リフォーム業者は専門家として、管理規約を確認して規約違反のフローリングを使用しないよう注意するべき責務があるといえ、そうした場合は契約不適合責任を認めるのが裁判例といえます。

　よって、このようなリフォーム業者の反論も原則として認められないといえます。

4　改正前民法が適用される場合

　リフォーム工事契約の締結が2020年4月1日よりも前である場合は、改正前民法が適用され、契約不適合責任ではなく瑕疵担保責任を追及することとなりますが、管理規約に反するフローリングを貼った工事は「瑕疵」と評価されるので、対応は前記2、3に記載したところと基本的には変わりません。

Q55 被災補修の必要性

 地震で壁に大きな亀裂が入り、建物が傾いているようなのですが、どのように対応したらよいでしょうか。

 補修工事が必要かどうかは、素人判断ではなく、専門家に相談して決めるべきです。

解 説

1 被災補修の必要性

地震による建物に対する被害は、目に見えるものと見えないものとがあります。

瓦の落下といった目に見える被害は容易に発見できますが、建物の構造軀体に損傷があるといった被害は壁面内部で起こっていることもありうるので、専門家でなければ発見できないことがあります。

少なくとも、目に見える被害が発生している場合は、構造軀体に損傷がないか等を、建築士等の専門家に判断してもらうことをお勧めします。

2 応急危険度判定が実施されている場合

大規模な地震が発生した場合は、応急危険度判定が行われます。

応急危険度判定は、大地震の直後に、地方公共団体の実施で被災した建築物を調査し、その後に発生する余震などによる倒壊の危険性や外壁・窓ガラスの落下、付属設備の転倒などの危険性を判定することにより、人命にかかわる二次的災害を防止することを目的とする制度です。応急危険度判定士(行政および建築士)が建物を調査し、「危険」「要注意」「調査済」の3種類の判

定がなされます（「調査済」は、「危険」や「要注意」には該当せず、建物の被災程度が小さいと考えられる場合の判定です）。「要注意」や「危険」と判定された場合は、建物の復旧について、建築士等の専門家に相談する必要があります。また、その名のとおり、応急の判定ですから、「調査済」との判定であっても、同様に専門家への相談を検討すべきです。

なお、応急危険度判定の後には、被災度区分判定の制度もあります。これは、震災建築物の復旧を目的として、主に構造軀体に関する被災度を区分判定し、継続使用するための復旧の要否を判定する制度で、応急危険度判定とは異なり建物所有者が民間の建築士事務所に依頼して行うものです。2020年6月29日現在、被災度区分判定・復旧技術事務所として3107の建築士事務所が登録されています（一般財団法人日本建築防災協会ウェブサイトより）。

3　応急危険度判定が実施されない場合

応急危険度判定が実施されない程度の地震であっても、前述のとおり、目に見えない構造軀体部分に損傷が発生している可能性もあるため、建築士等の専門家に相談することをお勧めします。

ただし、地震直後には、特に悪質業者に注意する必要があります（Q56参照）。

また、工事業者とだけ契約するのではなく、信頼できる建築士等の専門家に復旧工事の要否や内容を判断してもらうことで、トラブルを防ぐことができます（Q5参照）。

Q56 震災とリフォーム被害

 震災による建物の損壊に乗じたリフォーム被害が多数生じていると聞きましたが、その実情を教えてください。また、そのような被害に遭わないために注意すべき点を教えてください。

震災とリフォーム被害の関係については、①震災によるリフォーム被害の発覚、②震災によるリフォーム被害の発生の２つの視点でとらえることができますが、残念ながら、多数の被害が発覚・発生しています。

震災後のリフォーム工事は、つい急ぐ気持になりますが、「急ぐ契約は危ない」といわれるとおり、落ち着いて慎重に考えることが必要です。被災後には、弁護士や建築士による被災者向けの無料相談が行われることも多いので、これを利用して、弁護士や建築士に相談しながら進めるとよいでしょう。

解　説

1　震災とリフォーム被害

震災とリフォームの問題としては、①東日本大震災によって杜撰なリフォームが行われていたことが明らかになったこと（リフォームの被害の発覚）、②東日本大震災によって被災した建物に杜撰なリフォームが行われてしまったこと（リフォーム被害の発生）の２つの視点から考えることができます。

2　震災によるリフォーム被害の発覚

東日本大震災によって多くの建物が破損、倒壊しました。

　2011年３月11日に発生した東日本大震災は、津波・原発被害など甚大な被害をもたらし、多数の建物が損壊しました。全壊12万1991戸、半壊28万2902戸、一部破損73万0318戸、非住家被害５万9193戸の合計119万4404戸もの被害が報告されています（警察庁「平成23年（2011年）東北地方太平洋沖地震の警察措置と被害状況」（令和２年６月10日現在））。

　東日本大震災後に弁護士会が実施した面談・電話相談で、震災前に行ったリフォームに関連して、「数年前に柱の補強工事をしてもらったはずだったが、壁が壊れて柱が見えるようになったら、全く何も補強されていなかった」、「耐震補強工事として壁のやり替えを勧められたことから、リフォーム工事したら、近隣に被害がなかったのにリフォームした壁部分が大きく破損してしまった」、「基礎補強といわれたが単に表面塗装されていただけで基礎に大きなひび割れが入ってしまった」、「子ども部屋を増築してもらったら、建築確認が必要だったのにとっていなかった」など多数の相談が寄せられました。このように、東日本大震災前に「地震に備えて耐震性を高めようと思った」、「業者に勧められてリフォームを行った」のに、きちんとしたリフォームが行われていないといった被害が多数存在しました。中には、契約書や工事図面すら受け取っていないケースもみられました。

3　震災によるリフォーム被害の発生

　また、被災者の１日も早い生活再建を望む気持に乗じて、杜撰な工事、高額な費用請求等のリフォーム被害の相談が多く寄せられています。

　たとえば、以下のような事例が報告されています。

① 　ブルーシートのかかっている建物を訪問し、「応急改修」などと言って、見積書・契約書も作成せず、つぎはぎ的に屋根修理を行い、100万円を超える工事代金を受領したものの、数日後には再度雨漏りが生じてしまった。被害者は、リフォーム業者の名称・連絡先すらも知らされていなかった。

② 地元の工務店に1000万円を超えるリフォーム工事を依頼したのに、工程表・図面等が作成されないまま、時々大工が来て中途半端な作業を繰り返すだけで、1年以上経っても工事が完成しない。

③ 行政の被災支援金が50万円まで出ることになっていたところ、擁壁被害につき、リフォーム業者から「工事したことにして先に支援を受ける」、「被災者の方はみんなこうして被害を回復している」などと言われ、契約書・工事完了確認書に記入し提出したが、その後全く連絡がつかなくなったり、結果的に、リフォーム業者が被災支援金を不正に受領するのに荷担した形になってしまった。

4 震災後のリフォーム工事の留意点

震災後のリフォーム工事は、つい急ぐ気持になりますが、「急ぐ契約は危ない」といわれるとおり、落ち着いて慎重に考えることが必要です。

特に、被災者の1日も早い生活再建を望む気持に乗じる詐欺的悪質リフォームを行う者も少なくなく、また、そうでなくても、そもそも震災後は、大規模建築物の補修等も必要とされ、部材入手が困難になり、人手不足もあり、工事費（人件費含む）が高額化します。東日本大震災後は、それ以前に比して2〜3倍の工事費を要するともいわれました。

さらに、通常のリフォーム業者であっても、人手不足や多忙さから、つい雑な工事となってしまった例も報告されています。

したがって、最低限の応急補修を急ぐのはやむを得ないとしても、抜本的な耐震化工事や高額なリフォーム工事は、急がず慎重に計画を立てることが大切です。被災後には、弁護士や建築士による被災者向けの無料相談が行われることになると思われます。実際、東日本大震災後は多数の無料相談が実施されました。ですので、このような無料相談を利用して、弁護士や建築士に相談しながら進めるとよいでしょう。

第3部

参考資料

【参考資料①】 日本弁護士連合会「リフォーム被害の予防と救済に関する意見書」
（2011年4月15日）

リフォーム被害の予防と救済に関する意見書

2011年（平成23年）4月15日
日本弁護士連合会

第1 意見の趣旨

近年、再び増加傾向にあるリフォーム被害について予防・救済を図るため、以下
の施策を実施するよう求める。

1 500万円未満の工事のみを行うリフォーム業者に対しても営業許可制度を適
用できるように建設業法を改正すること。

2 リフォーム工事を請け負う者に対し、工事内容・代金額等の重要な事項を記
載した契約書を作成・交付すべき義務を課し、その義務を実効あらしめるため
の担保的制度（例えば、書面交付義務違反時の無条件解除権等の民事効規定）
を設けること。

3 リフォーム工事についても、建築士による設計・監理及び建築確認・検査制
度を厳格に要求すること。

4 リフォーム被害の救済を図るため、①リフォーム業者に営業実態に応じた営
業保証金を供託させる制度、または、②被害発生時に備えた強制加入の賠償責
任保険制度を設けること。

5 リフォーム被害防止のための、不招請勧誘の禁止や特定商取引法上のクーリ
ング・オフの期間長期化など消費者保護の観点からの法制度の整備ないし強化
すること。

第2 意見の理由

1 住宅リフォーム被害の実態

近年、景気低迷や環境問題への配慮、あるいは震災対策への関心等といった
種々の要素から住宅リフォーム工事の需要が高まっている（ここで「リフォー
ム」とは、既存建物に改変を加える工事全般を指し、一般的に用いられる内外装・
設備・デザイン等の変更を行う改装の場面はもちろんのこと、既存部材の補強・

補修その他の性能・機能の向上を図る改修、建物の仕上げや造作等の更改により用途・機能の変更を図る模様替え、既存建物に付加する形で建築工事を行う増築などをすべて含む趣旨で用いるものとする。)。それに伴って住宅リフォーム関連の消費者被害が多発するようになり、国民生活センターに寄せられたリフォーム関連相談は基本的に増加傾向が見られる。具体的には、2000年6,045件、2001年7,246件、2002年9,146件、2003年9,507件、2004年8,970件と推移し、2005年のピーク時には9,936件にものぼり、その後、2006年6,355件、2007年5,503件、2008年5,317件といったん相談件数は減少傾向にあったが、2009年5,769件とここ1、2年再び増加に転じる傾向が認められる。

　また、甚大な被害をもたらした東日本大震災後、これに便乗したリフォームをめぐるトラブルが増加することが懸念される。

(1)　リフォーム工事における典型的被害の一つが詐欺的リフォームである。

　　これは、高齢者や判断能力が十分でない者等をターゲットにした訪問勧誘（特に不招請勧誘）により、無料点検やモニター工事等を口実に言葉巧みに住宅に入り込み、老朽化・蟻害・地震被害の危険性等を指摘して家人の不安を過剰にあおって不要不急の過剰な耐震金物や床束、調湿材や換気扇等のリフォーム工事に関する契約を次々に締結させ、リフォーム工事名下に多額の金員を支払わせるという、詐欺的行為である。そして、その多くが建設業法上の建設業許可を受けていない無許可業者による脱法的行為である。

　　例えば、以下のような具体的な被害事例が報告されている。

①　アルツハイマーによる認知症が進む高齢・独居の女性が短期間に代金500万円未満のリフォーム工事契約を次々に締結させられ、最終的に契約金総額が1500万円にのぼった事案では、建築士に調査をしてもらったところ、リフォーム工事の必要性に乏しく、単価も異常に高いとの調査結果が報告されている。

②　床下換気工事などといった名目で比較的少額のリフォーム工事契約を1年間に5回も締結し、合計900万円を騙し取られた被害で、訴訟の結果、業者が既に廃業し、無資力を主張したため、長期分割返還で代金半額を受ける和解で解決せざるを得なかった事案もある。

③　また、2010年5月19日の東京新聞によれば、床下に水をまいて「配管から水漏れがある。」と騙して補修工事費用を騙し取っていたさいたま市のリフォーム業者が逮捕されたとの報道がなされている。

(2)　2つ目の典型的被害が破壊的リフォームである。

　これは、住宅リフォーム工事に当たり、必要とされる既存の耐震壁や柱・梁等の構造材を無配慮に撤去したり、下部階の構造補強もせずに上部階を増築したり、網入りガラスにすべき準防火地域なのに、断熱改修と称して、網なしのペアガラスに取り換えてしまったりする等、構造安全性や防火性を無視ないし軽視した不適切な施工を行い、いわばリフォーム工事により欠陥住宅生み出すものである。

　例えば、大阪地裁平成17年10月25日判決では、増改築リフォーム事案について、構造計算もなく、強度や接合部に対する配慮も乏しく、接ぎ木を多く用い、柱・梁・外壁等のいずれも端部の処理が不適正などといったずさんなリフォーム工事が行われた結果、建築基準法所定の構造強度を大きく下回る危険な建物にされてしまった事案において、代金額を超える解体工事費および再築工事費用の損害賠償が認められている。

(3)　3つ目の典型的被害は、工事内容や代金の相当性をめぐるトラブルである。

　リフォーム工事契約の場合、新築工事契約よりも相対的に少額であること等もあって、本来、請負工事において作成されるべき見積書や契約書の記載が不十分なことや、場合によってはリフォーム業者がこれらの見積書や契約書を作成・交付しないことが往々にして見られ、契約内容たる工事の詳細や代金の明細等を当事者間で明示的に確定されていないことがトラブルの大きな要因になっているものと考えられる。

2　住宅リフォーム被害の発生要因

　上記のような住宅リフォーム被害が生じる背景としては、以下のような要因が考えられる。

(1)　リフォーム工事の難しさ

　まず、そもそも、リフォーム工事の対象になる物件は、建築基準法がザル法と言われた2000年以前の建物が多いと想定されるが、当時は完了検査の実施率が2、3割しかなく、きちんとした図面が残されていないため、壁を開けてみないと分からないというケースが多く、まして、増改築されている場合など対象物件の状況を的確に把握することが困難である。特に、木造住宅の場合は構造計算も不要であるから、極端に細い梁が使用されていることなどもあり、天井や壁をめくるなど解体工事が始まって初めてわかることも多い。したがって、工事と同時進行で素早く的確に修正する必要がある点で、リフォーム工事には、むしろ新築工事以上に複雑かつ高度な技量が要求される。

にもかかわらず、以下の(2)から(4)までのとおり、リフォーム業者に対する法規制は皆無に等しい状況である。

(2) 建設業法による許可制度

建設業法は、建設業を許可制としているが、500万円未満の工事を業とする者には適用されないため、建築の専門的知識・技術に対する資格等による制度的担保が存在せず、詐欺的業者など悪質業者の参入規制が皆無である。

また、その結果、例えば見積書や契約書の作成義務（建設業法19条、20条）や施工技術確保義務（建設業法25条の27）といった行為規制も一切適用されない。

(3) 建築基準法による建築確認・検査制度

建築基準法は、新築または大規模の修繕・模様替えの場合、行政（指定確認検査機関の場合も含む。以下同じ。）による建築確認・検査手続を必要としている。反面、大規模修繕に至らない軽微なリフォーム工事に対しては、行政によるチェックが機能しない。その結果、新築時には確保されていたはずの耐震性や防火性などの安全性を損なうような破壊的リフォームを防ぐことすらできない。

(4) 建築士法による設計・監理制度

建築士法は、一定規模以上の新築工事につき、職能たる建築士による設計・監理で施工をチェックする仕組みを制度化しており、施主の利益擁護のための第三者チェックとして、施工業者から独立した建築士に設計・監理を依頼することができる。しかし、リフォーム工事の場合、建築確認・検査手続が厳格に適用されていないことやリフォーム工事予算が低額であること等も相俟って、建築士の関与が圧倒的に少ない。

(5) 施主の意識

リフォーム工事の場合、予算が少額なこともあり、施主としても、一生に一度の高額な契約ともいわれる新築工事の場合に比べて、業者選定における比較検討や設計図書・契約書の確認が疎かなまま契約に至ることが多い。

(6) 事後的な被害救済の困難性・事前予防の必要性

リフォーム被害の場合、以下の点で事後的な被害救済が困難であり、予防のための事前規制が不可欠である。

① 詐欺的リフォームにおいては、認知症等の判断能力が十分でない者や独居の高齢者が標的に狙われることが多く、いわゆる次々被害の温床になっていることからも窺われるように、被害者自身も被害に遭ったことに気づ

いていなかったり、被害に気づいても誰にも相談することができなかったりなど、発覚していない潜在的被害が非常に多数存在している。

② クーリング・オフ等の法的手段を講じた場面でも、リフォーム業者の倒産（破産のみならず事実上の倒産も含む。）や所在不明等によって、被害回復が十全に図られない事案が非常に多い。

(7) 政府の姿勢

政府は、住宅エコポイント等が象徴するように、景気対策ないし建設業界活性化対策あるいは環境問題対策として、リフォーム工事を推奨する方針を採っていることから、これらの政策を抑制する方向に機能するおそれのあるリフォーム被害防止対策については謙抑的になりがちである。

3 住宅リフォーム被害の予防・救済のための法的対策の必要性

(1) リフォーム業者全般に対する営業許可制度の導入

建設業法による建設業許可制度を改正し、500万円未満の工事のみを行う業者にも許可制の適用を及ぼすべきである。

小規模リフォーム専門の業者にも建設業者と同等の営業許可要件（例えば、経営管理責任者や専任技術者の設置、財産的基礎）が要求されることになれば、詐欺的リフォームを行う悪質業者や専門技術・知識といった資質のない業者等を排除することができるし、消費者にとっても、業者選定において営業許可を得ている業者であるか否かという最低限の指標が得られる。

従前、軽微なリフォーム工事のみを行う業者あるいはそのような業者が行うリフォーム工事を規制の対象外としてきたことが、甚大なリフォーム被害を招いてきた現実を直視するならば、およそリフォーム工事を広く規制対象とし、リフォーム工事を請け負う業者すべてに規制を徹底する抜本的な改正こそが必要であると考えられる。

具体的な法改正としては、建設業の許可制を定めた建設業法3条1項ただし書（「ただし、政令で定める軽微な建設工事のみを請け負うことを営業とする者は、この限りではない」）を削除し、およそリフォーム業者全般について規制を及ぼすべきである。

(2) リフォーム工事における行為規制

住宅リフォーム工事を請け負う者に対し、不招請勧誘の禁止、契約締結前の見積書の作成・交付、契約締結時の契約書の作成・交付、契約内容変更時の変更内容記載書面の作成・交付を義務づけるべきである。

特に、契約書記載内容として工事内容、代金の価額と支払方法等の事項を

法定すべきである。なお、前述のリフォーム業者に対して建設業法が適用されれば、契約締結前の見積書の作成・交付、建設業契約締結時や変更契約時における契約書面の作成・交付義務（建設業法19条、20条）等といった建設業者に対する行為規制の適用が当然に及ぶことになる。

　そして、この契約書等の作成・交付義務を実効あらしめるために、単なる行政取締法規としての効力のみならず、義務違反に対して無条件解除制度を新たに設ける等、消費者保護のための片面的な民事効規定を設けるべきである。この点、国民生活センターの「消費生活年報2006」の100頁以下においても、「訪販リフォームに係る消費者トラブルについて―悪質業者による深刻なトラブルが続発―」と題して、訪販リフォームについて「いわゆる不招請勧誘の禁止（勧誘の要請をしていない顧客に対しての訪問または電話による勧誘を禁止すること）等を検討していくことが必要と考えられる。」との指摘がある。また、イギリスでは訪販リフォームに関する被害実態に照らして、招請勧誘の場面であってもクーリング・オフが認められるべきだとの提言がなされていることが参考になろう。事実、この点に関しては、訪問販売苦情トラブルの大半は高額商品であり、その半数以上が消費者からの招請訪問によるもので、被害の45％がリフォーム関連であり、市販価格比で平均44％割高で販売されていたとの指摘もされているところである（村本武志「2008年英国家庭訪販規則」消費者法ニュース79号168頁以下参照）。

(3)　行政及び建築士による監視体制の強化

①　行政による建築確認・検査手続をリフォーム工事にも要求し、これを厳格に適用することで、詐欺的リフォームや破壊的リフォームの監視を徹底すべきである。

②　同様に、建築士による設計・監理をリフォーム工事についても厳格に要求し、施工業者の手抜き工事や破壊的リフォームを防止する体制を整えるべきである。

(4)　被害救済の制度

　リフォーム被害の事後救済の十全化を図るため、

①　リフォーム業者に、宅建業者に対する営業保証金制度（宅建業法25条以下）と同様の営業実態に応じた営業保証金を供託させる制度を導入し、

②　または、「特定住宅瑕疵担保責任の履行の確保等に関する法律」の適用範囲を拡充し、被害発生時に備えた強制加入の賠償責任保険制度を設けるべきである。

③　リフォーム工事においては、契約締結から着工、完成、引渡しまでに期間的な間隔が比較的長いことに鑑みて、特定商取引法上のクーリング・オフの期間を長期化する等、より消費者保護に資するように法制度を整備すべきである。

以　上

【参考資料②】 住宅リフォームをする際の一般的な流れとチェックリスト

住宅リフォームをする際の一般的な流れ

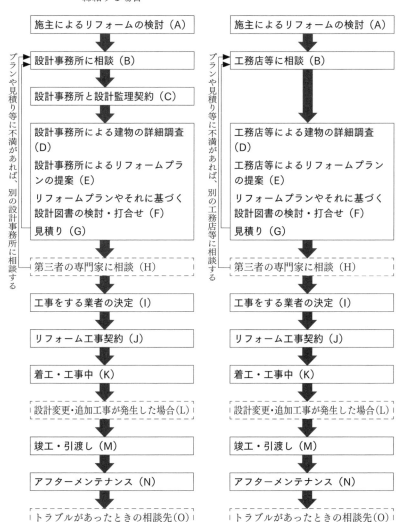

設計事務所と設計監理契約を
締結する場合

工務店等に直に依頼する場合

プランや見積り等に不満があれば、別の設計事務所に相談する

プランや見積り等に不満があれば、別の工務店等に相談する

施主によるリフォームの検討（A）

設計事務所に相談（B）

設計事務所と設計監理契約（C）

設計事務所による建物の詳細調査（D）

設計事務所によるリフォームプランの提案（E）

リフォームプランやそれに基づく設計図書の検討・打合せ（F）

見積り（G）

第三者の専門家に相談（H）

工事をする業者の決定（I）

リフォーム工事契約（J）

着工・工事中（K）

設計変更・追加工事が発生した場合（L）

竣工・引渡し（M）

アフターメンテナンス（N）

トラブルがあったときの相談先（O）

施主によるリフォームの検討（A）

工務店等に相談（B）

工務店等による建物の詳細調査（D）

工務店等によるリフォームプランの提案（E）

リフォームプランやそれに基づく設計図書の検討・打合せ（F）

見積り（G）

第三者の専門家に相談（H）

工事をする業者の決定（I）

リフォーム工事契約（J）

着工・工事中（K）

設計変更・追加工事が発生した場合（L）

竣工・引渡し（M）

アフターメンテナンス（N）

トラブルがあったときの相談先（O）

住宅リフォームをする際のチェックリスト

（工事に際し、ご自分がどの程度の配慮をできているかを確認する材料として、ご利用
ください）

A	施主によるリフォームの検討
	※リフォーム工事を行う際、代金トラブル・建築トラブルが起きやすいです。これを防ぐためには、まず自分が何のためにリフォームをするのか、必要な工事は何か、建物への影響はあるか、いくらの予算なら出せるのか、という計画の前提となる事実を、じっくりと検討する必要があります。
	【チェックポイント】
	1　リフォームの目的は何か。
	2　そのリフォームにおいて、構造上主要な部分(基礎・梁・柱・耐震壁など)に変更があるか。
	①　上記変更がある場合は、設計事務所へ相談することを検討したか。
	②　上記変更がある古い建物（特に昭和56年5月31日以前に建築したもの）の場合は、耐震診断を検討したか。
	3　支出可能な予算の心積りをしたか。
	4　【NG！】業者の訪問勧誘など、業者側からの働きかけによりリフォームを考えなかったか。
	5　【NG！】業者と話をして、すぐに契約しなかったか。
B	設計事務所や工務店等に相談
	※多くのリフォーム工事は、法律上建築士の関与が義務づけられていないため、建設業の資格がない業者が独自に行うことがあります。少なくとも代金額が500万円を超えるような大きな工事や、建物の構造の主要部分にかかわる工事を行う場合は、構造等の専門知識を有している設計事務所が設計を行い、設計図どおりに工事が行われるか工事現場全体を監理してもらうことをお勧めします。設計事務所は敷居が高いようなイメージがありますが、町の設計事務所は相談に乗ってくれます。
	工務店等の場合は、その業者に施工を頼む前提で相談をすることが多いと思います。しっかりした技術者やプランナーがいるかがポイントになります。
	【チェックポイント】
	1　タウンページやウェブサイトを探して、設計の専門家（設計事務所）への相談も検討してみたか。
	2　設計事務所に相談する場合、依頼しようとする建築士に木造建物の経験・知識があるか。
	3　設計事務所に相談する場合、依頼しようとする建築士にリフォームの経験・知識があるか。

	4　プランが必要なリフォームを工務店に頼む場合、その工務店にしっかりとした技術者やプランナーが担当してくれるのか確かめる。 5　2、3、4の手がかりとして、過去に手がけた物件を紹介してもらう（できればその所有者に感想を聞く）。
C	**設計事務所と設計監理契約** ※建築士が建物の調査を経たうえで、ある程度のプラン（基本プラン）を立てて契約することが通常です。逆に調査もせずに契約をしようとするケースはNGなので気をつけてください。また、事後の代金トラブルを防ぐには、報酬設定を段階的にしておくことが重要です。 【チェックポイント】 1　建物の調査に基づき、基本プランが提示されているか。 2　調査、設計、監理等ごとの段階的な報酬設定になっているか。 3　【NG！】調査をしようとせずに、すぐに契約しようとする。
D	**設計事務所や工務店等による建物の詳細調査** ※代金トラブル・建築トラブルを防ぐには、適正な工事見積りおよび施工のための詳細調査が不可欠です。 【チェックポイント】 1　調査の内容について事前に説明を受けたか。 2　調査に基づいた現況建物の説明を受けたか。 3　調査できなかった部分の対応について説明を受けたか。 4　【NG！】調査をしようとせずに（あるいは簡単な調査だけで）、すぐに契約しようとする。
E	**設計事務所や工務店等によるリフォームプランの提案** ※施主は、何をいくらの予算でどのようにしたいかという考えを明確に設計者に伝えてください。設計事務所や工務店等は、施主の考えや建物調査の内容を反映し、かつ法規上、構造上、施工上の条件を満たしたプランを提示することになります。 【チェックポイント】 1　施主の要望した項目や、予算に沿ったプランが出てきたか。 2　要望以外の項目や、予算オーバーについて、設計者から納得のいく説明を受けたか。
F	**リフォームプランやそれに基づく設計図書の検討・打合せ** ※トラブルを防ぐには、この時点で、施主と設計側の双方の考えの相違点を徹底的に埋めておきましょう。施主は、提示されたプランの説明をしっかりと受けてください。たとえ施主の提示した考えと異なる場合があっても十分に検討し、双方が納得のいくまで時間をとってプランを練ってください。

【チェックポイント】

1　法規、構造に照らして、建物やその施工方法に問題がないかについて、設計者から納得のいく説明を受けたか。

2　設計者からのプランと施主のプランに差がある場合、設計者から納得のいく説明を受けたか。

G	見積り

※設計事務所に依頼したときには、建築士は、見積りが設計事務所の作成した設計図書に沿ったものかを検討します。施主も自分の要求したものが設計図書や見積書に反映されているかどうかをいっしょに確認することをお勧めします。

　工務店等に直に依頼するときには、工務店が提示した見積りが適正かを施主だけで、判断することは難しいかもしれません。しかし、見積額が適正かどうかの確認を怠ると後のトラブルの原因になります。仕事が欲しいだけの安い業者に頼んで、工事に入った途端倒産ということもあります。専門家に相談することも検討してみてください。

【チェックポイント】（主に設計監理契約がない場合を想定）

1　見積書に、材料・数量・工賃・消費税・経費が明記されているか。

2　見積りの内容についての質問に対し、納得のいく説明をしてくれたか。

3　（工務店等に直に依頼したとき）業者は、現場を見て見積書を作成したか。

4　（工務店等に直に依頼したとき）1社のみの見積りなので妥当なものかの判断ができないと思います。疑問に思ったら、信頼のおける第三者の専門家に相談してください。H参照。

5　（設計事務所に依頼したとき）見積書が設計事務所の作成した設計図書に沿っているか。

6　【NG！】一式見積りとなっていないか。

7　【NG！】見積りの中に「別途」があり、その定め方の約束がない。

8　【NG！】見積りについての説明がほとんどなく、「任せてくれれば、ちゃんとやる」と言っていないか。

9　【NG！】金額（安さ）だけに目を奪われていないか。

H	契約前に第三者の専門家に相談

※リフォームを考える際には、躊躇することなく専門家に相談にいくことをお勧めします。何か不具合が起こってからでは手遅れになります。見積り・図面・契約書の見方がわからない場合、判断に迷った場合は、専門家に相談しましょう。タウンページやウェブサイトのほか、地域の相談窓口で簡単に専門家にアクセスすることができます。

【チェックポイント】

1　見積り・図面・契約書等について、何か疑問がある場合に専門家に相談したか。

	【相談窓口】 1　住まいるダイヤル（公益財団法人住宅リフォーム・紛争処理支援センター）： 　TEL　0570-016-100 2　建築士事務所協会、建築家協会等（見積り・図面・工事内容について） 3　弁護士会の法律相談センター（契約内容について） 4　自治体の相談窓口
I	**工事をする業者の決定** ※設計事務所と設計監理契約をしている場合は、設計事務所と相談し、納得のうえ、施工業者を決めてください。工務店等に直に依頼する場合は（Bですでに工務店等の選定が終わっていることが多いと思いますが）、複数の客観的な評判を確認して決定してください。大手だけでなく、近くでこつこつと真面目に仕事をされている工務店も検討してみてください。 　設計事務所や工務店等のプランや見積り等に不満がある場合には、工事をする業者を決定する前に、他の設計事務所や工務店等に相談しましょう。（Bに戻る） 【チェックポイント】（主に設計監理契約がない場合を想定） 1　建設業の資格、設計事務所の登録があるか。 2　リフォームに関する建築的・法的な知識が十分にあるか。 3　過去に手がけた物件を紹介してもらう（できればその所有者に感想を聞く）。 4　工事に対して十分な調査を経てから、契約・見積りをしたか。 5　見積書を明細まで提出するか。 6　適正な価額での工事をしてくれるか。 7　工事にミスがあった場合に備えているか。 8　【NG！】親戚・知人による業者の紹介を鵜呑みにしていないか。 9　【NG！】その業者が、「安さ」だけを売りにしていないか。
J	**リフォーム工事契約** ※リフォーム工事契約書を締結することによって、工事代金、その支払時期、いつまでに工事を完成するかなどについて施主とリフォーム業者との間で明確な合意を証拠として残すことができます。これは、追加工事の際の代金トラブル等を防ぐためのとても大事な作業です。すでに作成されている見積書や設計図のチェックも同時に行い、どの作業を、いくらで、どのくらいの時期までに行うか、明確にしておく必要があります。 【チェックポイント】 1　見積り・図面により工事内容と対価が特定されているか。 2　事前調査ができず、追加・変更工事が発生する可能性がある部分について、費用の合意の方法が約束されているか。

	3 支払方法が出来高に応じて分割されているか。
	4 工期・工程が明確か、工程表の提示を受けたか。
	5 瑕疵（欠陥）があった場合の解決が明示され、かつ補修に応じる内容になっているか。
	6 定期点検・維持管理についての定めがあるか。
	7 【NG！】契約を口頭のみで済ませなかったか。
	8 【NG！】図面等で工事内容がきちんと特定されていない状態になっていないか。
	9 【NG！】施主の契約上の要望に対して、業者が反発を示すことはなかったか。
K	**着工・工事中** ※これまでのチェックポイントどおりにできている場合は、その契約書、図面どおりに施工されるようチェックすることも施主の役割となります。また、近隣の協力がなければ工事は進みません。着工に際しては、施主も必ず近隣への挨拶を行ってください。 【チェックポイント】 1 工事の状況を図面と照らし合わせながら確認したか。 2 工事現場で、監理者や現場監督から、工事の工程や現在の作業状況について説明を受けたか。 3 自分が考えているものと違ったり、疑問がある場合は、そのままにせず、監理者や現場監督に質問をしたか。 4 写真・ビデオなどで工事の状況を保存したか。 5 【NG！】業者に任せっぱなしにしていないか。 6 【NG！】正当な理由がないのに、リフォーム業者から、現場を見たり写真撮影をしたりしているときに、邪魔者扱いされることはなかったか。 7 【NG！】自分が考えているものと違ったり、疑問がある場合に、監理者や現場監督ではなく現場の職人に質問をしていないか。
L	**設計変更・追加工事が発生した場合** ※工事が進んでいく中で、当初の調査で把握できなかった箇所や、施工上問題が生じてくる場合があります。安易な設計変更は構造安全性等に悪影響を及ぼすおそれもあるので、本当に変更が必要かよく考えて、設計者と相談して決めてください。また、当初の設計図書に含まれていなかった工事は追加工事になり、追加の代金が発生します。 【チェックポイント】 1 設計者または工務店から追加・変更の必要性を指摘された場合、追加・変更の必要性について十分に説明を受けたか。 2 施主が変更をしたいと思った場合は、設計者または現場担当者に相談し、工事の必要性、妥当性を確認したか。

	3　変更箇所の図面による説明を求めたか。
	4　見積書により金額の変更を明示してもらったか。
	5　合意した内容について契約書を作成したか。
	6　【NG！】工事中に、追加工事を勧められて、代金の合意なく追加工事をお願いしなかったか。
	7　【NG！】口約束で工事を進めていないか。
	8　【NG！】「サービスでやっておきますから」と言われた場合に、「無料で行う工事」であることを書面で確認せず工事を進めていないか。
M	竣工・引渡し ※工事が完成すると、いよいよ引渡しです。施主は、リフォーム業者から各種書類と建物の鍵を受け取り、工事残代金の精算を行います。後のトラブル防止のため、引渡し時の確認をしっかりしましょう。 【チェックポイント】 1　引渡しの前に、建物が契約（設計図書や見積書）どおりにできあがったことを確認したか。 2　使われているものは指定どおりのものが使われていることを確認したか。 3　設備機器の保証書や建物の保証書は、規定どおりに提出されたか。 4　追加・変更工事があった場合、指示どおりに変更されていることを確認したか。 5　手直しが必要な箇所がある場合、その補修・やり直し工事は終了し、その結果について施主が納得したか。 6　鍵の受け取り、工事金額の支払いをする前に、建物・部品・設備機器等すべてに施主が納得できたか。 7　【NG！】安易に最終金額を払っていないか。
N	アフターメンテナンス ※リフォーム工事が完成し、十分な確認のもと引渡しを行ったとしても、時間の経過により何らかの不具合が出てくる可能性があります。リフォーム業者による定期点検および維持管理によりこれらの不具合が重大なものになることを未然に防ぐことができます。 【チェックポイント】 1　（引渡しのときに）定期点検および緊急時連絡先の提示を受けたか。
O	トラブルがあったときの相談先 1　住まいるダイヤル（公益財団法人住宅リフォーム・紛争処理支援センター）： 　　TEL　0570-016-100 2　各自治体の相談窓口 3　欠陥住宅全国ネット（http://www.kekkan.net/）

あとがき

　わが国では、少子化による人口の減少、景気の低迷（殊に若年層の購買力の低迷）から新築着工件数が減少し、他方、空き家は増大しています。国の住宅政策は、持ち家政策からストック重視へと推移し、長期優良住宅の対象拡大等による良質な住宅ストックの形成、「安心R住宅」制度の導入をはじめとする円滑な取引環境の整備、既存住宅に関する紛争にも対応する住宅紛争処理制度の充実などを柱として、既存住宅の有効利用と流通促進に力を入れています。

　他方で、各地で起きた大地震被害の経験からの耐震化への意識の高まり、高齢者増加によるバリアフリー化の必要性の増加などの事情も相まって、リフォームの需要がこれまでになく高まっています。しかし、リフォーム工事は、新築住宅の場合とは異なり規制が乏しく、工事請負契約書や図面、見積書などがないままに工事が進められるケースが後を絶たず、リフォームに関する相談やトラブルも増えています。

　本書は、日々リフォーム被害の救済活動にかかわっている弁護士が、消費者の皆様にリフォームトラブルが生じる原因や、被害救済の困難さを伝え、十分な予防をしていただきたいと考え出版しました。2015年に初版が出てからすでに5年余が経過し、その間の、民法をはじめとする法改正や新たな関連情報を反映させ、このたび、補訂版を上梓するに至りました。

　本書によって消費者の皆様に十分な知識を蓄えていただき、リフォーム被害撲滅の一助となれば幸いです。

　本書を発刊するにあたっては、株式会社民事法研究会の軸丸和宏氏には大変お世話になりました。また、原稿のチェック作業や新たに執筆いただいた当部会の委員および幹事の皆様、その中でもとりわけ補訂版の編集作業を中心になって担当してくださった森竹和政委員には心から御礼申し上げます。

　2021年3月

日本弁護士連合会消費者問題対策委員会

副委員長（土地住宅部会担当）　上　田　　　敦

●執筆者一覧●

石津　剛彦（和歌山）　　　増田　　尚（大阪）

上田　　敦（京都）　　　　松本　知佳（福岡県）

河合　敏男（第二東京）　　三浦　直樹（大阪）

神崎　　哲（京都）　　　　水谷大太郎（愛知県）

齋藤　拓生（仙台）　　　　宮腰　英洋（仙台）

武村　　陽（福島県）　　　森竹　和政（兵庫県）

谷合　周三（東京）　　　　森友　隆成（広島）

長谷川陽一（茨城県）　　　山田　　学（札幌）

平泉　憲一（大阪）　　　　吉岡　和弘（仙台）

（五十音順）

消費者のための
住宅リフォームの法律相談Q&A〔補訂版〕

令和3年3月28日　第1刷発行

定価　本体 2,200円＋税

編　者　日本弁護士連合会消費者問題対策委員会
発　行　株式会社　民事法研究会
印　刷　株式会社　太平印刷社

発行所　株式会社　民事法研究会
　　〒150-0013　東京都渋谷区恵比寿3-7-16
　　〔営業〕TEL 03（5798）7257　FAX 03（5798）7258
　　〔編集〕TEL 03（5798）7277　FAX 03（5798）7278
　　http://www.minjiho.com/　　info@minjiho.com

組版／民事法研究会
落丁・乱丁はおとりかえします。ISBN978-4-86556-431-0 C0032　￥2200E

■欠陥住宅訴訟に関する裁判例の紹介が充実した最新版！

欠陥住宅被害救済の手引
〔全訂四版〕

日本弁護士連合会消費者問題対策委員会　編

A5判・409頁・定価　本体4,200円＋税

▷▷▷▷▷▷▷▷▷▷▷▷▷▷▷▷ **本書の特色と狙い** ◁◁◁◁◁◁◁◁◁◁◁◁◁◁◁◁

▶欠陥住宅問題の被害救済に取り組む方の好評手引書の最新版！　全訂四版は、2011年の東日本大震災で顕在化した宅地・地盤被害や、2016年の熊本地震で強く認識されるに至った戸建て住宅に関する建築基準法令の問題、さらに、「建物としての基本的な安全性を損なう瑕疵」がある場合には設計・施工者等の不法行為責任を認めた最高裁判決などの旧版発行以降に出された裁判例などを踏まえて改訂！

▶欠陥住宅被害救済の基礎知識となる欠陥（瑕疵）の概念と判断基準や、請負型・売買型における責任追及の法律構成、損害賠償請求の範囲等を詳しく解説するとともに、欠陥住宅訴訟におけるよくある反論とこれに対する再反論や残代金請求への対応などの実務上のノウハウも開示しており、実践的に即活用できる！

▶欠陥住宅問題に取り組む弁護士等の法律実務家はもちろん、研究者、建築士、消費生活相談員など、建築紛争にかかわる方の必携書！

❖❖❖❖❖❖❖❖❖❖❖❖❖❖❖❖❖ **本書の主要内容** ❖❖❖❖❖❖❖❖❖❖❖❖❖❖❖❖❖

はじめに
——本書における2017年民法改正の取扱いについて
第1章　欠陥住宅問題とは何か
第2章　欠陥住宅被害救済の基礎知識
第3章　相談から受任まで〜欠陥住宅物語〜
第4章　調査・鑑定および調査報告書(私的鑑定書)の作成
第5章　欠陥住宅訴訟の実際
第6章　シックハウス問題
第7章　地盤・宅地被害
第8章　欠陥住宅紛争に取り組む場合に必要な建築知識

第9章　欠陥住宅被害救済に参考となる裁判例
第10章　欠陥住宅問題に関する参考資料

発行 🅜 民事法研究会

〒150-0013　東京都渋谷区恵比寿3-7-16
(営業) TEL. 03-5798-7257　FAX. 03-5798-7258
http://www.minjiho.com/　info@minjiho.com